그린 인테리어 교과서

02 GREEN INTERIOR LESSON
좋아하는 식물 하나만 두어도 인테리어가 된다

즐거운상상

Contents

Part 01

식물, 무엇을 고르고 어떻게 장식할까?
그린 인테리어가 있는 11 STYLES 7

1 waco 씨 8
2 tongarihouse 씨 14
3 hiro.rororo 씨 20
4 naoon 씨 26
5 jun_tiki 씨 30
6 YOSHIKO_san 씨 34
7 마사오 에미코 씨 38
8 noi_hibi 씨 42
9 아이 씨 46
10 hara.gram 씨 50
11 48 씨 54

Part 02

식물 고르고 키우는 요령부터 인기 식물까지
그린 인테리어 GUIDE 60

- **식물 키우는 법** 61
  기본 관리법 62 장소에 맞게 식물 고르는 법 62 식물 잘 고르는 법 64
  식물과 잘 어울리는 화분 고르는 법 65 그린 인테리어 테크닉 66
  계절에 따른 주의점 68 물 주는 법 69 비닐포트에서 꺼내 분갈이하는 법 70
  다육식물 모아 심는 법 72 식물 관리 Q&A 74

- **인기 식물 리스트** 76
  관엽식물 76
  그늘에서도 OK 76 햇빛이 좋아요 78
  커튼 너머가 베스트 80 베란다와 정원에서 84

  덩굴성 식물 86
  양치식물 90
  덩이뿌리식물 93
  다육식물 94
  틸란드시아 100

Part 03

초보자도 쉽게 도전할 수 있어 인기!
무인양품 그린 인테리어 104

- 우리 집에 잘 어울리는 MUJI GREEN 아이템은? 105
  탁상형 106 바닥에 놓는 형 107 벽걸이형 108 다육식물·틸란드시아 109
- MUJI 가드닝 아이템 110
- 인기 인스타그래머의 MUJI GREEN이 있는 생활 111
  abe 씨 111 mujikko 씨 112 오오키 키요미 씨 114 미쯔오 씨 115
  나베미 씨 115 mayu 씨 116 사카이 씨 116 kao. 씨 117 KIHARA 씨 117

Part 04

선인장 테라리움을 만들어보자
그린 인테리어 전문가에게 배우는 다육식물 모아 심기 120

- 그린 인테리어 초심자에게 추천! 선인장 테라리움 121
- 테라리움 관리법 125
- Q&A 125
- 화제의 인스타그래머 - GREEN BUCKER 기하라 가즈토 씨 126

Part 05

DIY 전문가에게 배운다
초저렴 아이템으로 그린 인테리어 DIY 127

- Chiaki 씨 128
  새장 스타일 화분 커버 128 틸란드시아 스탠드 130 플랜트 행어 131
  비커 선인장 132 티포트 테라라움 133
- 다키모토 마나미 씨 134
  화분형 왜건 134 반짇고리&식물바구니 136 식물 바구니 137
  식물 액자 138 행잉형 식물 장식 139
- 인스타그래머에게 배우는 그린 인테리어 DIY 테크닉 140
  유피노코 씨 140 kyoko 씨 142 miwa 씨 143

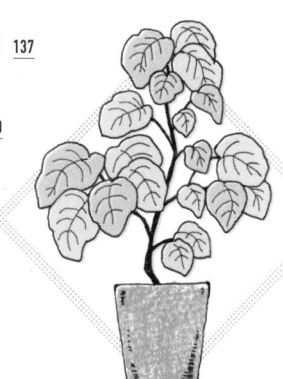

Column 1 컬러풀한 다육식물에 푹 빠졌어요 58
Column 2 이끼를 즐기는 환상적인 방법 '모스라이트' 102
Column 3 인기 숍 '이나자우루스야'의 인조 식물 118

Green Interior Lesson

Part

01

식물, 무엇을 고르고 어떻게 장식할까?
그린 인테리어가 있는
11 STYLES

Name	/	waco 씨
Instagram ID	/	@wacodays
인스타그램 사용 기간	/	5년
사는 곳	/	아파트

file
N° 1

Q 식물을 키울 때 빼놓을 수 없는 아이템은?

쉽고 튼튼하게 식물을 키우는데 저면관수형 화분인 레츄자(LECHUZA)를 빼놓을 수 없어요. 물을 자주 줄 필요가 없어 좋고 화분받침이 없으니 보기에도 깔끔합니다. 기능성과 인테리어성을 함께 갖추고 있어 실내 화분으로 애용하고 있어요.

Q 식물 기르기의 매력은?

따뜻하고 부드러운 분위기의 인테리어를 좋아해요. 식물과 조합하면 서로를 돋보이게 하면서 한층 매력적인 분위기를 자아냅니다. 몇 개의 화분만으로 마음이 편안해지는 것도 그린 인테리어의 매력입니다.

• **레츄자** 화분을 이중구조로 만들어 식물이 심긴 윗부분은 물이 닿지 않도록 하고 아랫부분에 물이 저장되는 방식. 물받침이 없을 경우 물이 빠지지 않고 계속 남아있으면 뿌리가 썩는데, 이런 문제점을 해결해 그린 인테리어에 적합.

LIVING ROOM

남쪽에서 들어오는 햇살로 식물을 키우기에 충분!

세로로 긴 방구조로 남쪽은 전면창. 햇빛이 잘 들어와 식물을 키우기 좋은 환경입니다. 방 중심에 식탁을 두고 그 위에 큰 박쥐란(p83)을 매달았습니다. 레츄자에 넣어 키우는 큼지막한 식물을 집안 곳곳에 배치해 사랑스러운 인테리어를 완성. 햇빛이 비치면 파릇파릇 빛나는 반려식물들로 눈부신 공간.

Green Interior Lesson   Part 01

작은 화분에서 시작해 성장에 맞춰 큰 화분으로 분갈이하면서 박쥐란(p83)을 이만큼 크게 키웠어요. 오래 키웠더니 애착이 갑니다.

아레카야자는 높이가 있는 화분에서 키우면 존재감이 크죠. 커튼 사이로 들어오는 빛으로 충분히 자라고 관리도 어렵지 않아요. 나무 선반과도 잘 어울립니다.

다이닝의 펜던트 라이트 위치를 바꿀 수 있는 펜던트 서포트를 활용해 박쥐란(p83)을 매달았습니다.

벵갈고무나무(p81)는 성장이 빠르지 않아 수형이 거의 일정하게 유지돼 그린 인테리어에 활용하기 좋아요. 잎 모양도 예쁘고요. 딱 좋은 높이로 여유있는 공간 만들기에 적합.

산세베리아처럼 작은 식물은 패브릭 화분 커버에 넣어 소품들과 함께 장식합니다. 처음에는 한 포기였는데 지금은 여러 포기로 나눠 키우고 있어요. 계속 기르는 식물 중의 하나.

GREEN CORNER 1

커튼 레일을 활용해 창가에 매달기

방 한가운데 있는 식탁에서 봤을 때 서쪽에 컴퓨터와 식물 전용 공간이 있어요. 서쪽 창은 커튼에서 우드 블라인드로 바꿔 달았는데 식물을 매달기 위해 커튼레일을 일부러 남겨 두었어요. 거실만큼 빛이 잘 들어오는 창이 이쪽에도 있어 큰 화분을 배치.

- **유목**(流木) 강으로부터 바다로 유입된 나뭇가지가 파도에 마모되다가 해변으로 밀려나온 것. 드리프트 우드(Drift wood)라고 한다. 오랜시간 파도에 마모되어 나무의 결과 옹이가 아름답다.

- **레츄자** 화분은 이중구조로 만들어 식물이 심긴 윗부분은 물이 닿지 않도록 하고 아랫부분에 물이 저장되는 방식의 화분. 물받침이 없을 경우 물이 빠지지 않고 계속 남아있으면 뿌리가 썩는데, 이런 문제점을 해결해 그린 인테리어에 적합.

작은 박쥐란을 유목*이나 이끼공에 착생시킨 다음 커튼레일에 행잉. 높이를 활용한 디스플레이를 즐길 수 있습니다. 여러 가지 방법으로 기를 수 있는 것도 박쥐란의 매력입니다.

벽에 스트링 선반을 설치하고 잡화와 작은 식물, 그리고 푸미라로 장식. 높은 위치에 식물을 두면 관리가 어렵기 때문에 레츄자* 화분을 이용.

박쥐란(p83)이나 야자(p83) 화분을 선반에 올려놓았어요. 레츄자*를 쓰면 도자기보다 가벼워서 약간 높은 곳에 두어도 안심. 햇빛 잘 들어오는 창가에 디스플레이.

거실처럼 큰 창이 있는 공간이므로 큰 화분을 두었습니다. 컴퓨터 책상도 식물에 둘러싸인 행복한 공간입니다.

GREEN CORNER II

좋아하는 틸란드시아로 꾸민 공간

컴퓨터 책상에서 뒤를 돌아보면 틸란드시아와 작은 화분들, 덩굴성 식물을 잘라 물에 꽂아 장식한 공간이 보입니다. 식물이 가장 아름답게 보이도록 스타일리시하게 꾸며보았어요. 높은 위치에 있으면 관리가 힘든 화분도 레츄자를 쓰면 도자기 화분보다 가벼워 편해요.

Green Interior Lesson Part 01   13

길게 자란 스킨답서스를 잘라 유리용기에 꽂아두면 투명감과 경쾌함이 느껴집니다. 생명력이 강한 덩굴성 식물이라면 쉽게 도전해볼 수 있는 아이템입니다.

스킨답서스

Ⓐ

틸란드시아(p100~101)는 화분에 심거나 물에 꽂아 둘 필요가 없어 잡화처럼 디스플레이할 수 있어요. 물은 분무기로 뿌려줍니다. 물을 뿌린 다음 그릇이나 트레이 위에 올려 둡니다.

틸란드시아 텍토름

Ⓑ

틸란드시아·카풋메두사

틸란드시아 세로그라피카

휘카스 움베르타(p80) 화분에 장식칩을 깔고 틸란드시아를 매치했어요. 직접 물을 뿌릴 수 있어 관리도 편리한 일석이조 아이템.

틸란드시아(p100~101)를 유목과 매치하면 인테리어 지수 up. 물을 뿌리기 쉽도록 유목을 용기 삼아 세로그라피카와 카풋메두사로 틸란드시아를 장식.

Name	/	tongarihouse 씨
Instagram ID	/	@ tongarihouse
인스타그램 사용 기간	/	1년
사는 곳	/	단독주택

file **N° 2**

Q 나에게 반려식물이란?

우리 집은 필요한 가구만 두었기에 매우 심플합니다. 그래서 공간과 인테리어와의 균형을 중시하면서 그린 인테리어를 해보았어요. 우리 집에서 식물은 빼놓을 수 없는 친구이자 인테리어의 핵심 같은 존재지요.

Q 식물을 키울 때 빼놓을 수 없는 아이템은?

아침저녁으로 잎에 물을 뿌려주는 것이 식물을 건강하게 키우는 비결이므로 분무기를 고를 때 신중하게 골라요. 지금 쓰고 있는 분무기는 미용 전용인데 물이 미세하게 잘 뿌려져서 사용하기 편리합니다. 우리 집 초록이들에게는 꼭 필요한 아이템이죠.

Green Interior Lesson Part 01

KITCHEN & DINING

아이비

**집안일을 하면서
힐링할 수 있는 행잉식물**

식탁 위의 행잉식물이 집안에서 가장 마음에 든다는 tongarihouse 씨. 이런 오픈키친에서 여러 가지 행잉식물을 바라보면서 식사를 준비할 수 있다면 귀찮은 집안일도 즐거워질 것 같아요. 마치 가든테라스에서 식사를 하는 듯한 기분을 실내에서 맛볼 수 있는 것도 그린 인테리어의 큰 장점입니다.

레일 조명에 전용 고리를 사용하여 화분을 걸었습니다. 화분의 종류와 색은 통일하고 식물의 종류와 잎의 크기 등을 다양하게 활용. 행잉네트도 색깔을 맞추고 길이와 종류로 조화를 맞췄어요.

식탁에는 진한 브라운 테이블보를 깔아 실내 식물이 더욱 생생해 보이는 효과를 주었어요. 마치 숲속에서 식사를 하는 듯한 기분을 즐길 수 있어요.

스킨답서스
스킨답서스
수염틸란드시아
네프로레피스

Close up!!

식물은 통풍이 잘 되는 간격으로 장식했어요. 이는 보기에만 좋은 것이 아니라 성장에도 도움이 됩니다. 가지치기한 가지나 꽃은 드라이 플라워를 만들어 매달아줍니다.

박쥐란

계단의 죽은 공간을 활용하여 박쥐란(p83)을 디스플레이. 액자 프레임을 활용하여 입체적인 회화처럼 연출했습니다.

STAIRS SPACE

**벽과 계단 공간에
액자처럼 회화풍 디스플레이**

벽의 크기와 장식할 장소에 따라 배치할 수 있는 것이 벽걸이 식물의 매력. 계단 발판에 맞춰서 벽면에 여러 가지 종류의 틸란드시아(p100~101)를 장식, 층계참에는 액자프레임과 식물을 배치하여 입체적인 회화처럼 완성했습니다. 계단이 있는 집이라면 계단 난간에 화분을 거는 장식법을 참고할 수 있습니다.

틸란드시아·붇지

틸란드시아·트리콜라

월넛 나무판에 여러 종류의 틸란드시아(p100~101)를 철사로 고정시키고 벽걸이를 만들었습니다. 틸란드시아는 물에 담가둘 필요가 없어 벽걸이 식물로 안성맞춤이에요.

스킨답서스

계단의 철제 난간 디자인을 활용하여 행잉 식물 공간을 꾸몄습니다. 창에서 빛이 쏟아져 들어오고 통풍도 잘 되는 장소이므로 식물이 자라는데도 좋은 환경.

Green Interior Lesson　Part 01

인조이끼

드라세나

Close up!!

테이블야자

아이비

홍콩야자

BEDROOM

생활감을 걷어내고
호텔 같은 침실로

침실 벽을 장식한 것은 직접 만든 DIY 작품으로, 세상에 오직 하나뿐인 작품. 크게 자란 식물과 꽃을 가지치기 해서 드라이 플라워로, 인조이끼는 액자처럼 만들어서 벽걸이로 장식합니다. 사다리에는 자그마한 식물을 매달아서 입체감과 높낮이 차를 두어 머물고 싶은 공간을 연출하는데 성공.

철제 사다리에 작은 아이비(p88), 홍콩야자(p83), 테이블야자를 걸어두었습니다. 아래로 늘어지며 자라는 것과 위로 성장하는 것이 서로 어울려 적당한 활력이 느껴집니다.

KITCHEN

**정원의 허브를 따서
주방 창가에서 수경재배**

주방에는 화분 이외에도 정원에서 딴 허브를 물에 꽂아놓고 요리에 바로 사용할 수 있도록 수경재배를 합니다. 허브는 인테리어 소품이면서 요리에도 활용할 수 있으니 일석이조 아이템! 또 레인지후드와 같은 소재의 화분에 식물을 디스플레이하여 통일감있는 세련된 주방으로 꾸몄습니다.

Close up!!

파키라 / 사라세니아

최근에는 사라세니아 등 식충식물에 흥미가 생겼습니다. 요리할 때 자주 쓰는 민트, 로즈마리, 바질, 이탈리안 파슬리는 정원에서 기르는 허브 종류로, 미리 따서 수경재배.

공작고사리 / 골드사치 / 스킨답서스

스테인리스 레인지후드에 맞춰서 스테인리스 보울을 화분으로 사용하여 공작고사리, 골드사치(선인장), 스킨답서스로 장식했어요. 성장 방식이 서로 다른 식물을 장식한 것이 인테리어 밸런스를 잡는 비결.

LIVING ROOM

2미터의 휘카스 움베르타가 심벌나무

개방감이 느껴지는 널찍하고 내추럴한 분위기의 거실에는 높이가 있는 움베르타(p80)가 잘 어울립니다. 가볍고 튼튼한데다가 중후한 느낌을 주는 FRP화분* 사용, 존재감이 느껴지도록 디스플레이. 일광욕을 좋아하는 움베르타는 큰 창 옆에 두면 햇빛을 듬뿍 쬐일 수 있습니다. 거실계단 주변에도 반려식물을 두었습니다.

휘카스 움베르타

• **FRP 화분** 분쇄한 FRP(Fiver-Reinforced Plastics) 폐기물을 이용해서 폴리머 시멘트 모르타르로 만든 화분. 잘 깨지지 않으며 무게가 가볍고 수분, 공기의 투과성이 좋다.

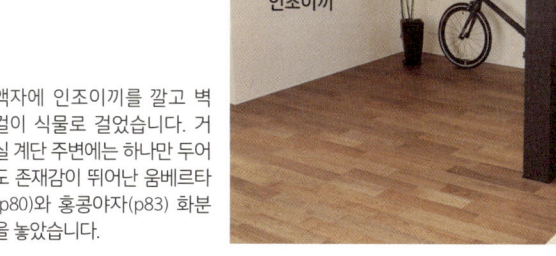

홍콩 야자

인조이끼

휘카스·움베르타

액자에 인조이끼를 깔고 벽걸이 식물로 걸었습니다. 거실 계단 주변에는 하나만 두어도 존재감이 뛰어난 움베르타(p80)와 홍콩야자(p83) 화분을 놓았습니다.

Name	/	hiro.rororo 씨
Instagram ID	/	@hiro.rorororo
인스타그램 사용 기간	/	약 2년
사는 곳	/	단독주택

file N° 3

Q 식물을 관리할 때 신경을 쓰는 것은?

우리 집의 환경과 제가 돌보는 스타일에 맞는 식물을 고릅니다. 아무리 좋아하는 식물이라도 잘 키울 수 없는 것은 가게에서 보는 것으로 만족하고 사지 않습니다. 물을 너무 많이 주거나 물 주는 것을 잊어버리지 않으려고 신경을 씁니다.

Q 그린 인테리어에서 좋아하는 스타일은?

'& DIY'가 제가 그린 인테리어에서 지향하는 스타일입니다. DIY로 식물을 장식하기 위해 선반을 만들거나 방 이미지에 맞춰 화분에 색을 칠하기도 합니다. 이런 과정을 통해 식물에도 더욱 애착이 생겨요.

LIVING ROOM

포인트 천과 코디네이트

거실벽 한 면에 네이비색 천을 붙이고 아이비(p88) 화분은 벽면 컬러에 맞춰서 직접 페인트칠했어요. 파키라(p82)와 쿡카바라는 방의 톤과 어울리는 시크한 컬러의 화분에 심었어요. 이 두 식물은 봄이 되면 새 잎이 나와 잘 자라기 때문에 키우는 재미가 있어요.

KITCHEN

집의 중심, 가장 좋아하는 곳은 주방 카운터

주방은 집의 중심이며 많은 화초를 장식한 공간으로, 특히 주방카운터 주변이 가장 마음에 든다는 hiro.rororo 씨. 단풍철쭉처럼 가지가 있는 계절식물로 장식해 계절감을 살리려고 노력합니다. 나뭇가지는 자주 물을 갈아줄 필요가 없어서 편합니다. 카운터 아래는 작은 화분들의 공간.

주방카운터 위에는 단풍철쭉 이외에 큼직한 틸란드시아 세로그라피카(p100)를 자연스럽게 장식. 카운터 끝에 놓으면 전체적으로 균형감이 좋아집니다.

파란 화분에 심은 괴마옥(파인애플 선인장)이 가장 마음에 들어요. 천장이 있는 선반에 화초를 놓을 때는 높이 자라지 않는 식물을 놓는 것이 포인트. 여러 가지 화분으로 장식합니다.

요즘 제가 좋아하는 장식법은 '흑법사'처럼 유리케이스 속에 작은 화분째로 쏙 넣는 방법입니다. 미묘하게 느낌이 달라져서 좋은 포인트가 됩니다.

FREE SPACE 1

다육식물을 디스플레이하는 공간으로

아가베 아테누아타는 올해 hiro.rororo 씨 집에 새롭게 합류한 식물. 집과 딱 어울릴만한 완벽한 형태를 찾아다니다 만났기 때문에 그 기쁨은 한층 더 했습니다. 또 다육식물들을 심은 꼬마화분은 집안 분위기에 어울리게 직접 페인트칠을 한 것. 생명력이 강한 다육식물은 그린 인테리어에서 생활 소품처럼 활용할 수 있는 것도 매력.

쑥쑥 잘 자라는 립살리스와 녹영(p95)을 나뭇가지에 매달아 장식했어요. 아래로 길게 자라나는 것을 빨리 보고 싶어요. 퍼짐새있게 드리워지며 커가는 식물이 멋스럽습니다.

FREE SPACE II

유목 걸이에 매달아서 공간 연출

유목으로 만든 걸이와 마 소재 플랜트 행어 등 내추럴한 취향의 디스플레이가 마린컬러 방에 잘 녹아들어있습니다. 또 행잉화분은 돌출창이 아닌 방에서도, 선반에 올려놓지 않아도, 식물의 크기를 신경쓰지 않고 디스플레이가 가능. 햇빛이 잘 들고 통풍도 잘 되므로 식물의 성장을 즐길 수 있습니다.

수염
틸란드시아

삭막해보일 수 있는 흰 벽은 매달거나 늘어뜨리는 것이
어울리는 수염 틸란드시아에게 맡겨둡니다.

WALL SPACE

존재감이 있는 틸란드시아로
흰 벽에 포인트를

흰 벽을 장식한 나무 알파벳 장식에 수염 틸란드시아(p100)와 드라이플라워. 나무 알파벳과 빛바랜 듯한 틸란드시아와 드라이 플라워가 세련된 분위기의 거실 공간을 만들어 줍니다. 작은 공간이라도 식물로 장식하면 방의 표정이 한순간에 바뀝니다.

DIY CORNER

수경재배 식물과 계절 꽃을 작은 병에 담아둔다

DIY로 직접 만든 심플한 콘솔테이블 위에 수경재배 식물과 계절 꽃을 장식해두고 즐기는 공간입니다. 폭신폭신한 은색 잎이 무척 아름다운 은엽수는 말려서 벽장식으로 사용할 수 있어 오래 즐길 수 있습니다. 식물을 스타일리시하고 깔끔하게 장식하고 싶을 때는 수경재배가 좋은 방법 중 하나에요. 뿌리의 성장도 관찰할 수 있어요.

수경재배 중인 블루스타 고사리(p92)는 최근 새로운 잎이 나오고 있어요. 수경재배는 물만 바꿔주면 되니까 관리가 간단하고 식물의 성장을 바로 알 수 있어 좋습니다.

볕이 잘 들지 않는 곳에도 블루스타 고사리(p92)를 걸어두었어요. 건조에 강하고 음지에서도 잘 자라므로 빛이 잘 들지 않는 방에서 기를 수 있습니다.

Name	/	naoon 씨
Instagram ID	/	@naos70
인스타그램 사용 기간	/	11년
사는 곳	/	단독주택

file **Nº 4**

Q 식물을 선택할 때 결정에 영향을 주는 것은?

우리 집은 빈티지 잡화점 스타일로 꾸몄기 때문에 귀여운 화초보다 남성적인 식물이 눈에 들어와요. 집안 분위기에 어울리고 실루엣이 멋진 화초를 좋아해 선택합니다.

Q 식물을 장식할 때 고집하는 스타일은?

'세련된 멋스러움'을 테마로 너무 유치하지 않게 디스플레이하고 있어요. 예를 들면 화분을 고를 때도 수수한 색을 고르거나 흰색이라도 오래된 느낌을 선택합니다. 그러면 인테리어를 해치지 않고 자연스럽게 보여줄 수 있어요.

LIVING ROOM 1

칠판 디스플레이로 식물을 더욱 돋보이게

나무판에 칠판 페인트를 칠해 직접 만든 칠판이 포인트가 되어 남성미가 넘치는 식물을 더욱 멋져 보이게 합니다. 계절에 따라 빛이 들어오는 방향에 맞춰 식물의 배치를 바꿔가며 햇빛을 충분히 받을 수 있도록 신경을 씁니다. 존재감이 돋보이는 세로그라피카(p100)는 100엔 숍의 석쇠를 둥글게 말아 만든 대에 자리잡았습니다.

고무나무

리코포디움(석송)

수염 틸란드시아

LIVING ROOM II

**거실의 인상을 좌우하는 곳에
식물로 시선 집중**

거실 문을 열면 바로 보이는 곳이 바로 여기. 그래서 빈티지 감성의 가구와 멋있는 식물로 코디했습니다. 창이 옆집과 가깝기 때문에 수염 틸란드시아(p100)와 아래로 늘어지는 계열의 화초인 리코포디움을 매달아 압박감을 없애면서 자연스러운 가림막 효과를 주었습니다.

창가에 빈티지소파를 배치하고 사다리를 선반처럼 옆으로 눕혀놓고 작은 화분으로 장식했어요. 답답하지 않게 꾸미고, 기분과 계절에 따라 조금씩 모양을 바꾸고 있습니다.

틸란드시아 세로그라피카

아가베 아테누아타

틸란드시아·세로그라피카

WALL SPACE

벽 한쪽을 식물의 공간으로

거실 구석의 창가에 직접 만든 선반을 달아 식물을 올려놓는 장소를 만들고 세로그라피카(p100) 등으로 세련된 분위기를. 덧붙여서 캐비넷 위에도 아가베 아테누아타 등 관록있는 화분을 두면 naoon씨가 원하는 멋진 공간이 구현됩니다. 식물을 이곳저곳에 두는 것보다 한곳에 모아서 디스플레이 해놓으면 집 주인의 취향이 잘 드러납니다.

KITCHEN

인테리어 & 식물에 맞춰서 벽을 리메이크

집을 지을 당시 내추럴 인테리어에 빠져있어 규조토벽에 벽돌을 조금 넣었습니다. 하지만 현재의 어른스럽고 세련된 가구나 식물과는 미스매치. 그래서 주방 앞쪽에 나무결이 잘 살아나는 패널로 직접 가벽을 만들었어요. 나무 패널로 벽면을 장식하니 여러 식물이 눈에 더 잘 띄고 주방과의 연결성도 좋아졌어요.

고무나무

고무나무　리코포디움

주방 앞쪽의 카운터에 크고 작은 고무나무(p81)를 놓았습니다(오른쪽). 주방의 포인트 컬러인 블랙에 맞춰서 화분도 블랙으로. 통일감이 생깁니다(왼쪽).

FREE SPACE

방향을 고려하여 그 장소에 최적인 식물을 놓는다

식물은 햇빛을 필요로 하는 것과 그다지 필요하지 않은 것을 판별하여 장소에 맞게 두는 것이 반려식물을 잘 키우는 비결입니다. 북쪽 창은 빛과 물이 많이 없어도 자라는 선인장 같은 것을 두는 것이 정답. 박쥐란(p83)은 햇빛이 잘 드는 곳이나 커튼 너머의 밝은 그늘 정도가 튼튼하게 자라는 환경입니다.

박쥐란

인삼벤자민

북쪽 창으로는 오후에만 해가 들기 때문에 선인장처럼 생존력이 강한 식물을 놓습니다.(위) 박쥐란(p83)을 걸어둔 곳은 서향이지만 남쪽 창을 통해 많은 빛이 들어옵니다.(아래)

file N° 5

Name	jun_tiki 씨
Instagram ID	@jun_tiki
인스타그램 사용 기간	10년
사는 곳	아파트

Q 식물을 키울 때 꼭 지키는 원칙은?

봄에 분갈이를 해줍니다. 정기적으로 생육환경을 바꿔주면 뿌리가 썩는 것을 방지하고 더욱 크게 키울 수 있어요. 화분이나 화분커버는 인테리어와의 밸런스를 생각해서 고릅니다.

Q 식물을 키우게 된 계기는?

단독주택에 살면서 정원에 식물을 키우는 삶이 이상적이겠지만 쉽게 이룰 수 있는 것이 아니더라고요. 그래서 기분전환 삼아 아파트에서 반려식물을 키우게 되었습니다. 단골 화원에 기르는 방법을 물어가며 키우고 있어요.

아가베 아테누아타

아가베 아테누아타는 잎 모양에 개성이 드러나는데 이 형태가 가장 마음에 듭니다. 아가베가 풍성한 편이라 다리가 달린 콘크리트 화분 커버와 잘 어울립니다.

대운각

기둥선인장과 닮은 대운각은 균일가숍인 니토리에서 구입한 다리가 긴 블랙화분이 잘 어울립니다. 맵시있게 똑바로 자라는 모습이 아름다우며 물은 거의 주지 않아도 됩니다.

Green Interior Lesson *Part 01*

LIVING ROOM 1

**화이트가 기본 색인 거실에는
볼륨감 있는 식물을**

새하얀 가구 옆에 거대한 셀로움이 존재감을 드러내며 정글 같은 느낌을 발산하고 있습니다. 집의 전체 색에 맞춰서 화분과 화분 커버도 기본은 흰색으로. 포인트 컬러로 검정색을 조금씩 활용했어요. 여백을 살리기 위해 다리가 달린 화분이나 테이블 위에 식물을 장식해 두어 큰 식물이 있지만 압박감이 느껴지진 않습니다.

존재감이 느껴지는 기둥선인장인 백운각도 기르기 쉬운 반려식물. 물을 거의 줄 필요가 없으며 잘 시들지 않습니다. 대부분 방치해도 잘 자라는 선인장은 반려식물로 아주 좋은 친구입니다.

LIVING ROOM II

**모노톤 인테리어에
자연스럽게 식물 끼워 넣기**

창가 쪽 소파 근처에는 작은 다육식물을 중심으로. 벽에 달린 선반 위에는 선인장과 장식 소품을 올려두었습니다. 삭막해지기 쉬운 모노톤 방에는 생명력있는 반려식물을 곁들여주면 생동감있는 공간으로 변화됩니다. 다육식물을 컬렉션처럼 디스플레이하면 스타일리시한 분위기가 그대로.

스킨답서스

회반죽을 바른 느낌의 화분에서 자라고 있는 파티오라금은 물만 잘 주면 무럭무럭 성장하는 듬직한 반려식물. 잇달아 새순이 나와 처음보다 아주 풍성해졌어요.

파티오라금

다육식물인 여제는 통나무로 만든 화분에서 키우고 있어요. 불륨있는 화분이지만 나무라서 경쾌하게 보입니다. 사랑스러운 다육식물과 매치합니다.

여제

콘크리트 화분 세트에 선인장인 자태양, 티아라 산세베리아, 알로에를 키웁니다. 각기 다른 식물을 장식할 때 화분을 통일해주면 안정감이 생깁니다.

알로에
자태양
티아라산세베리아

BEDROOM

어떤 인테리어와도 잘 어우러지는 플랜트 박스와 선인장

유행하는 가구와도 어울리는 것이 식물의 매력. 'ferm LIVING' 블랙 플랜트박스에서 살짝 모습을 드러내고 있는 용설란의 한 종류인 오색만대의 모습이 사랑스럽습니다. 큰 플랜트박스에 화분 외의 아이템을 곁들이는 것은 공간에 식물이 더욱 잘 어우러지도록 하는 아이디어. 또 식물이 눈높이에 있으므로 성장을 확인하는 것도 쉽습니다.

오색만대

벵갈고무나무

MAKEUP SPACE

양철 양동이를 활용 큰 식물을 경쾌하게

세련된 아이템으로 가득한 프랑스 가드닝 브랜드 'Guillouard'의 양철양동이를 화분 커버로 사용했습니다. 가볍고 튼튼한 소재라 벵갈고무나무(p81)처럼 크게 자라는 식물을 넣는데 안성맞춤. 양철의 리메이크 캔 같은 분위기가 인테리어 센스를 높여주며 캐비닛 등의 흰 가구와 조화도 아주 좋습니다.

Name	/	YOSHIKO_san 씨
Instagram ID	/	@sakura.395
인스타그램 사용 기간	/	6년
사는 곳	/	단독주택

file **N° 6**

Q 집에서 가장 마음에 드는 식물 코너는?

주방에서 보는 거실 풍경입니다. 로프트에 드리워진 행잉 식물과 대들보에 걸쳐진 식물이 어우러진 절경. 식물로는 틸란드시아, 코끼리의 귀를 좋아해서 디스플레이 해 놓았습니다.

Q 그린 인테리어를 할 때 좋아하는 스타일은?

거실의 대들보를 살려서 행잉하는 것입니다. 장식 포인트는 너저분하지 않을 것. 자유와 절제 사이에서 균형을 잡고 있습니다. 햇빛, 통풍, 물 주기 타이밍에도 신경을 씁니다.

A — 틸란드시아 스트라미네아

스트라미네아(p100)는 최근에 구입한 틸란드시아라서 더 애착을 갖고 있습니다. 부드러운 은빛 잎사귀가 흰벽과 잘 어울려요. 울창하게 자라는 모습이 멋있습니다.

B — 코끼리의 귀 (엘리팬트 오티스), 립살리스

코끼리의 귀는 이름 그대로 코끼리 귀 같은 포자잎이 특징인 귀여운 품종입니다. 존재감이 뛰어나 제가 좋아하는 반려식물 중 하나입니다.

알타시마 고무나무

LIVING ROOM 1

소파 위쪽은 걸리적거리지 않게 배치

거실의 높은 천장을 활용, 박쥐란(p83)이나 틸란드시아 스트라미네아(p100) 등을 초록색 소파의 상공에 장식, 가족이 가장 편안하게 느끼도록 배치했어요. 천장의 높은 대들보가 있는 공간이어서 크게 자란 식물과 밸런스가 좋습니다. 스모키 그린색 틸란드시아를 많이 장식하면 식물의 수가 많아도 안정되게 느껴지는 장점이 있습니다.

LIVING ROOM II

사다리를 활용하여 행잉! 천장 공간을 맘껏 활용

개성이 풍부한 형태의 식물을 넓은 천장 공간을 활용해 센스있게 장식해놓은 YOSHIKO_san 씨. 플랜트행어를 직접 만들거나 바다에서 주운 산호에 화초를 착생시키는 등 거실에 맞춰 조정하고 있습니다. 다양한 화초를 매달기 위해 대들보에 사다리를 걸어서 식물의 개수가 많지만 공간을 침범하지 않고 잘 자라고 있어요.

네오레겔리아 파이어볼 A

샹들리에처럼 아래로 늘어지면서 자라는 네오레겔리아 파이어볼은 식탁 위에 있는데 화려함과 존재감을 뿜어냅니다. 다이나믹하게 성장하는 모습이 매력.

틸란드시아 알비다 B

이시가키 섬에서 주운 산호에 틸란드시아 알비다를 착생시켰어요. 플랜트행어에 여러 가지 조개껍질을 넣어 이시가키섬의 바다를 느낄 수 있도록 디스플레이했습니다.

틸란드시아 세로그라피카 C

틸란드시아 세로그라피카(p100)를 틸란드시아 중에서 가장 좋아합니다. 모양과 색깔이 너무 좋아요. 특히 돌돌 말린 잎이 너무나 귀엽습니다. 키우는 방법에 따라 공처럼 둥글게도 기를 수도 있어요.

틸란드시아 노바키아이 D

틸란드시아 노바키아이의 멋진 모습을 잘 살릴 수 있도록 체인을 활용해 장식했어요. 휘어지면서 올라가는 곡선미가 정말 멋져요. 살짝 붉은 빛이 돌아 공간에 미묘한 생동감을 줍니다.

Name	/	마사오 에미코 씨
Instagram ID	/	@ home_aholic_emi
인스타그램 사용 기간	/	7년
사는 곳	/	단독주택

file **Nº 7**

Q 식물을 잘 키우는 나만의 노하우는?

관리를 편하게 하는 것이 식물을 오래 키우는 요령입니다. 물 주기가 일주일에 한 번으로 끝나는 사이클이 되도록 식물을 배치. 여러 번의 실패를 반복하면서 우리 집에서 놓기 좋은 장소와 식물의 특성을 잘 이해할 수 있게 되었습니다.

Q 그린 인테리어를 할 때 좋아하는 스타일은?

공간 안에서 높낮이 차를 주거나 옆에 같이 장식하는 잡화를 바꾸는 등 변화를 즐기고 있습니다. 또 계절이나 날씨에 따라 식물이 쾌적하게 지낼 수 있는 장소로 이동하기 쉽게 트롤리에 화분을 모아두었습니다.

하월시아(p98)와 작은 다육식물은 유리용기에서 수경재배, 틸란드시아 텍토름(p101)은 법랑 컵에, 아미산은 심플한 화분에서 키워 앤티크한 분위기를 냅니다.

KITCHEN

주방에서는 수경재배로 청결하게 기르기

주방 근처에 여러 개의 화분을 두는 것이 마음에 걸린다면 수경재배를 하는 것도 아이디어. 관리하기 편하고 유리용기에 담아두면 깨끗해 보입니다. 또 새롭게 뿌리가 나오는 모습도 엿볼 수 있어 섬세한 성장을 즐길 수 있습니다. 주방 카운터 옆벽에는 늘어지는 모습이 아름다운 스킨답서스를 장식, 타일로 이루어진 주방에 포인트를 주었습니다.

스킨답서스

햇빛이 잘 드는 창가 곳곳에 식물로 장식

LIVING ROOM

식물에게 있어서 최적의 햇볕을 쬐게 하면 오래 즐길 수 있을 뿐만 아니라 관리도 간단해집니다. 또한 식물을 장식할 때 행잉, 왜건, 화분 커버 등으로 다양하게 변화를 주어 활기찬 느낌의 거실을 만들었어요. 앤티크한 가구와 인테리어 스타일에 어울리도록 화분이나 플랜트행어를 직접 만들었습니다.

직접 만든 콘크리트 화분에 하월시아(p98)나 아미산 등을 심었어요. 화분 개수가 많아서 이케아 트롤리에 모아서 장식했습니다.

100엔숍에서 구입한 반다나로 감은 화분에 파이어볼을 심고 직접 만든 플랜트행어로 매달았어요. 화분에 색칠하는 것이 귀찮은 사람에게 추천.

쌀포대를 리폼한 화분 커버에 큰 잎사귀가 인상적인 떡갈잎 고무나무(p77)를 키우는 중입니다. 밝은 곳이면 어디에서든 자라므로 키우기 쉬워요. 쌀포대의 크래프트지 소재감이 귀엽습니다.

에버프레시(p82)가 너무 크게 자라 직접 구부려서 모양을 잡아주었어요. 가지가 자라는 방향을 조절해서 그 장소에 어울리는 형태로 만드는 것도 반려식물 키우기의 즐거움.

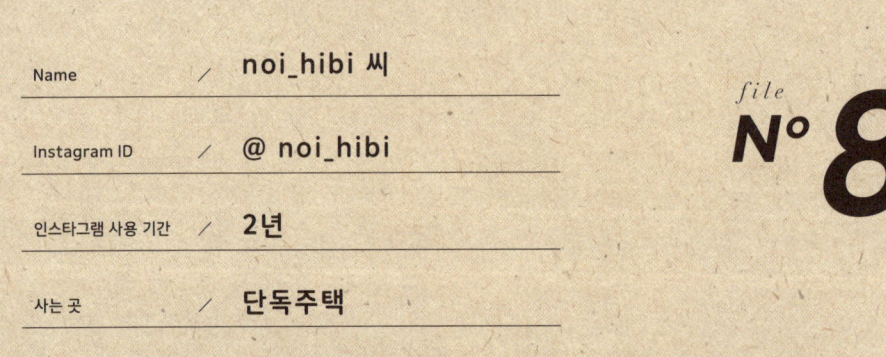

Name	/	noi_hibi 씨
Instagram ID	/	@ noi_hibi
인스타그램 사용 기간	/	2년
사는 곳	/	단독주택

file N° **8**

Q 가장 마음에 드는 반려식물 코너는?

컴퓨터 책상 주변에 둔 화초를 가장 좋아해요. 컴퓨터 작업을 하는 사이사이, 주위를 둘러보았을 때 그곳에 반려식물이 있는 환경이 큰 위안이 됩니다. 매일 모든 식물의 상태를 체크하며 사랑을 줍니다.

Q 식물을 키우게 된 계기는?

집을 구입하면서 장식할 공간이 생겼어요. 그때부터 실내에서 식물을 기르기 시작했습니다. 원래 소품으로 꾸미는 것을 좋아해서, 식물과 잡화의 밸런스를 생각하며 디스플레이하는 것이 요즘 큰 즐거움이에요.

ENTRANCE

현관에는 집의 첫인상을 결정하는 식물을

현관에서 바로 보이는 계단 주변의 공간에는 덩굴성식물인 슈가바인(p88)이나 돌돌 말린 잎사귀가 특징인 바로크 벤자민을 장식하여 잎 모양으로 매료시키는 연출을. 둘 다 진한 녹색으로 너무 화려하지도 그렇다고 너무 수수하지도 않은 인상이므로 화이트나 내추럴한 소재의 화분과 잘 어울립니다. 집의 첫인상을 결정하는 '손님맞이 식물'로 뛰어난 자질을 갖췄습니다.

벽에는 액자와 조명이 있고 그 밑에 이 바로크 벤자민과 세잎꿩의비름을 장식했어요. 작은 가구와의 균형까지 생각해서 둥근 잎사귀가 있는 화초를 배치.

'the farm UNIVERSAL'에서 구입한 바구니에는 덩굴성 식물인 슈가바인을, 유리 케이스에는 틸란드시아를 쏙 넣어서 시원스런 느낌이 들도록.

Green Interior Lesson Part 01

휘카스 움베르타

LIVING ROOM

키가 큰 식물은 거실의 심벌

거실은 가족이 모이는 장소이므로 모두 모이고 싶어지도록 상징이 되는 반려식물, 벵갈고무나무(p81)를 밝은 커튼 앞에 배치했어요. 또 거실처럼 넓은 공간에는 움베르타(p80)처럼 잎이 큰 식물도 어울립니다. 작은 스툴이나 깔개와 함께 놓으면 밸런스도 좋아요.

작은 깔개 위에 휘카스 움베르타(p80)를 올려놓았습니다. 엮어서 만든 스툴에는 다육식물을. 움베르타는 잎이 다 떨어졌다가 다시 새로운 잎이 돋아나 더욱 애착이 갑니다.

키가 큰 벵갈고무나무는 우리집의 악센트. 텔레비전 옆에 놓았어요. 잎사귀가 큰 식물은 잎 표면에 먼지가 앉기 쉬우므로 젖은 천으로 닦아주는 등 관리가 필수.

Close up!!

브러쉬로 만든 다람쥐와 부엉이를 벵갈고무나무에 장식했어요. 동물이 놀고 있는 것 같은 귀여운 장식. 어린 아이들이 있는 가정에서 좋아할 디스플레이.

벵갈 고무나무

KITCHEN

요리 중에도 상큼한 여유를 주는 식물 코너

주방 카운터 가장자리에 다육식물을 심은 화분으로 장식한 선반을 놓았어요. 또 밸런스를 고려해서 이국적인 분위기를 자아내는 셀로움을 그 옆에. 습기를 좋아하고 추위를 잘 견디기 때문에 주방에서도 키우기 쉬운 화초입니다. 화분의 색조는 가구와 맞춰서 최대한 자연스럽게. 요리를 하면서 반려식물을 바라보면 기분이 좋아져요.

셀로움

십이지권

Close up!!

셈퍼비붐
카멜레온
멕시코돌나물

선반 위에는 십이지권과 남편이 처음 도전했던 다육식물 모아심은 것을 올려 두었어요. 다육식물은 단품도 귀엽지만 이렇게 모아 심기를 하면 더욱 인테리어하기 좋아요.

인삼벤자민

폴리시아스

선인장

괴마옥
(파인애플 선인장)

책상 근처에 있는 선반에는 기본적으로 좋아하는 식물을 놓습니다. 앞줄과 뒷줄의 화분을 각각 통일시켜서 깔끔해 보이도록 했어요.

인테리어와 조화를 고려해 작은 식물들로 장식

STUDY ROOM

책상 근처에 있는 선반과 책장에 잡화와 함께 식물을 장식, 북카페풍으로 꾸몄어요. 여러 개의 화분을 놓을 때는 화분의 종류를 맞춰서 배치. 또 약간 높이가 있는 식물을 장식할 땐 키가 작은 잡화를 곁들이면 밸런스가 좋아집니다. 물건이 넘쳐나기 쉬운 서재에서는 작은 식물이 그림이 됩니다.

흑법사

책장과 잘 어우러지는 식물로 흑법사를 선택했습니다. 키가 약간 크기 때문에 앞쪽에 동글동글한 잡화를 함께 장식하여 밸런스를 맞췄어요. 식물이 책장의 여러 소품과 잘 어우러져 멋진 포인트가 되었습니다.

Name	/	아이 씨
Instagram ID	/	@ 888moni
인스타그램 사용 기간	/	철들었을 때부터
사는 곳	/	단독주택

file **Nº 9**

Q 그린 인테리어에서 좋아하는 스타일은?

가장 중요한 것은 가족이 휴식할 수 있는 공간을 만드는 것입니다. 그래서 화분은 늘 10개까지로 제한, 복잡한 느낌이 들지 않도록 주의합니다. 그 이상은 계절마다 나뭇가지로 보충하여 무리하지 않고 관리하기 쉬운 상태로 유지해요.

Q 당신에게 있어서 식물이란?

식물을 키우는 것은 생활의 일부입니다. 정신적, 시간적으로 여유가 없으면 식물은 마르거나 색이 변해버립니다. 말을 하지 못하는 식물은 늘 신경을 써야한답니다. 그래서 나의 활동과 생활환경을 그대로 비추는 거울이라고 생각해요.

단풍철쭉

KITCHEN

반려식물+꽃으로 산뜻한 분위기 연출

여자들이 오랜 시간 머물게 되는 주방. 그곳에서 보이는 경치가 무척 중요해요. 산뜻한 배색이 되도록 신경쓰고 있다는 아이 씨. 영화 〈라라랜드〉에 한창 빠져있을 때는 단풍철쭉 가지 등을 배경으로 여주인공의 노란 드레스를 이미지화한 노랑꽃이 돋보이도록 디스플레이했다고 합니다.

Green Interior Lesson Part 01

인상벤자민

유칼립투스

에버프레시

텔레비전 옆에는 에버프레시(p82)를 놓았습니다. 말린 유칼립투스(p84)는 물도 햇빛도 필요없어 반려식물로 편하게 즐길 수 있습니다. 모양을 바꿔서(아래 사진) 사용하기도 합니다.

LIVING ROOM

시야에 들어오는 색의 밸런스를 조절해서 아늑한 공간으로

오랜 시간을 보내는 거실이 가장 기분 좋은 곳이 될 수 있도록 벽을 부드러운 매트베이지색으로 칠했습니다. 약 3평 정도의 작은 공간이므로 화분은 낮은 소파와 높이가 맞는 위치에. 좁아 보이지 않으면서 마음 편하게 쉴 수 있는 공간을 만들었어요. 조명커버를 인조 식물로 장식해 나뭇잎 사이로 비치는 햇살처럼 부드러운 빛을 연출했습니다.

Close up!! 수염 틸란드시아

유목을 이용한 디스플레이는 남편 담당. 3개의 가지를 균형감있게 배치하여 가냘픈 가지를 인상적으로. 틸란드시아와 가지치기한 식물을 걸어두었습니다.

아이비

Close up!!

DINING ROOM 1

**높은 위치에 식물을 배치하여
공간이 넓어보이도록**

디스플레이를 하면서 높은 곳에 식물을 배치하려고 노력했습니다. 많은 식물을 바닥에 두는 것보다 눈높이가 가까이에 놓는 것이 시야에 잘 들어오고 공간도 넓어 보이니까요. 무엇보다 청소할 때 식물을 치우지 않아도 되기 때문에 편리합니다. 식탁 위에는 제라늄을 두었는데, 식사에 방해되지 않는 은은한 향기가 좋아요.

식탁 위에는 아이비(p88)를 걸어놓았어요. 주방에서도 잘 보이지요. 잎이 작은 화초를 많이 이용해서 너무 남국의 리조트 같은 느낌이 나지 않도록 신경쓰고 있어요.

DINING ROOM II

**다녀왔습니다! 하며
신나게 들어올 수 있는 밝은 집으로**

문을 열면 어느 방향에서든 식물이 보이도록 배치했습니다. 식물을 기르기에 적합한 집, 햇빛이 잘 드는 리빙다이닝 룸이 있는 집을 골랐답니다. 또 압박감 없이 거실의 깊이를 느낄 수 있도록 앞에서 뒤로 갈수록 키가 큰 식물을 배치했어요. 식물이 벽과 잘 어울리도록 꽃을 제외하고는 색깔이 들어간 것을 놓지 않습니다.

우리 집의 심벌나무인 인삼벤자민(p79)은 키가 크기 때문에 벽 쪽으로 배치했어요.
반대로 옆으로 퍼지면서 자라는 블루스타 고사리(p92)는 문에서 봤을 때 앞쪽에 두어서 높낮이 차를 만들었어요.

Name	/	hara.gram 씨
Instagram ID	/	@hara_stagram
인스타그램 사용 기간	/	3~4년
사는 곳	/	아파트

file N° 10

Q 식물을 관리할 때 신경을 쓰는 것은?

우선은 물을 너무 많이 주지 말 것. 실내에서 기르는 식물의 경우에는 흙이 바싹 마른 듯한 느낌일 때 물을 주는 정도가 적당합니다. 평소에는 분무기로 관리합니다. 식물을 좋아하지만 돌보는 것은 서툴기 때문에 관리가 쉬운 것을 우선으로 합니다.

Q 그린 인테리어를 할 때 가장 좋아하는 스타일은?

화분이나 화분 커버는 기본적으로 무늬 없는 것이나 베이지나 브라운 등의 베이직 컬러를 선택. 인테리어와 잘 어우러지도록 합니다. 또 눈에 들어오는 곳에 반드시 식물이 있도록 디스플레이합니다. 키가 큰 식물은 구석에 두면 밸런스가 잘 맞아요.

DINING ROOM 1

**큰 창이 있어
개방감이 느껴지는 다이닝
반려식물은 구석에**

큰 화초인 에버프레시(p82)는 구석에 놓고 마주보는 대각선 방향에도 같은 것을 배치하여 압박감을 없애는 것이 hara.gram 씨 스타일. 화분 커버에는 바퀴를 달아 이동하기 쉽게 만들었어요. 햇빛이 가득 들어오는 창가에는 다육식물을. 화분 디자인은 제각각이지만 소재감을 통일하여 깔끔해 보입니다.

에버프레시

DINING ROOM II

가끔 일광욕으로 반려식물을 건강하게

최소한의 물주기와 일광욕을 시킬 때는 햇빛이 가득 들어오는 다이닝에서. 우주목과 유포르디아, 온코클라다와 같이 위로 펴지듯 자라는 다육식물은 하나만 있어도 멋스러운 실루엣으로 포인트가 되어줍니다. 또한 다육식물의 진한 초록은 광택이 있는 도자기화분에서 더욱 돋보이고 화초의 생생한 성장을 느낄 수 있어요.

인삼벤자민(p79)과 백접 등을 밝은 색 화분에 심어서 돌출창 부분에 올려놓았어요. 대부분 나무로 마감된 집안에 활력을 줍니다. 도자기 화분이라 전체 인테리어에 위화감을 주지 않아요.

우리집은 내추럴한 소재와 색을 사용한 인테리어라서 식물도 너무 희귀하지 않은 익숙한 느낌이 잘 어우러지는 것같아요. 에버프레시(p82)가 딱입니다.

에버 프레시

LIVING ROOM

심플한 식물을 들여놓아
전체 인테리어와 조화를

물과 햇빛만 듬뿍 받으면 쑥쑥 자라는 쉐프렐라 콤팩타는 식물 관리가 서툴거나 식물 초보자가 키우기 알맞은 화초. 콤팩트하게 모아지면서 자라기 때문에 책상 위나 주방 카운터에 디스플레이하기 좋아요. 책상 옆에 있는 에버 프레시는 다이닝룸과 거실을 구분하는 파티션의 역할도 합니다.

쉐프렐라 콤팩타

쉐프렐라 콤팩타의 잎사귀 모양은 일본적 분위기가 느껴지지만 서양풍의 화분 커버와 조합하면 목재로 마감한 거실 벽면과 잘 어울려요. 옷 갈아입히기 놀이 같아서 재미있답니다.

Green Interior Lesson Part 01

쉐프렐라 콤팩타

틸란드시아

십이지권

스타일리시한 다육식물인 하월실라의 한 종류인 십이지권을 중후한 점토색 화분에서 키우고 있습니다. 화분 때문에 흙에서 자연적으로 자라는 듯한 느낌입니다.

Close up!!

WALL SPACE

화초와 잡화가 조화를 이룬 마음에 드는 디스플레이

흰 타일 벽면에 선반을 만들어 여러 가지 소품으로 장식하는 공간. 동물 소품이나 액자 등과 함께 유목과 다육식물, 틸란드시아 등의 식물로 꾸몄어요. 식물이 포인트가 되어 생명감이 느껴지는 장식코너로 순간 변신! 무늬없는 베이직색 계열의 화분을 사용하여 나무의 온기가 느껴지는 벽면 장식 선반이 완성되었습니다.

file
N° **11**

Name	**48 씨**
Instagram ID	**@shiba48shiba**
인스타그램 사용 기간	**3~4년**
사는 곳	**단독주택**

Q 가장 좋아하는 식물 코너는?

침실의 침대 위쪽에 있는 식물 코너예요. 우리 집에서 가장 햇빛이 잘 드는 곳이라 화초가 잘 자랍니다. 게다가 좋아하는 잡화를 함께 진열할 수 있는 공간까지 있어 디스플레이를 마음껏 즐길 수 있는 것도 참 좋아요.

Q 식물을 관리할 때 신경을 쓰는 것은?

항상 같은 자리에 두면 햇빛 방향으로 자라기 때문에 1~2주마다 화분을 돌려줍니다. 또 실내에서 키우는 화초라도 가끔 베란다에 내놓고 일광욕을 시키거나 놓는 곳을 바꿔주기도 하면서 매일 상태를 관찰하고 있어요.

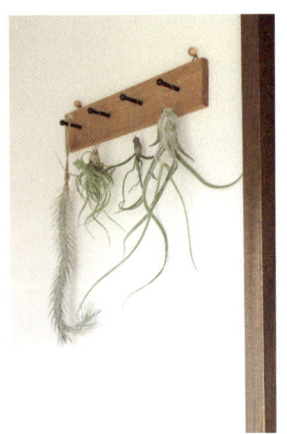

수염 틸란드시아

팬더고무나무

디시디아

LAVATORY

탈의실과 세면대에도 상큼함을 더하는 식물

욕실 옆, 탈의실에 팬더고무나무와 디시디아(p87)를 걸어두었습니다. 샤워실에서 물을 주고 그대로 매달아두었다가 물이 빠지면 다시 들여놓으면 되니까 관리하기 쉽습니다. 또 세면실에 있는 수염 틸란드시아 등의 틸란도 세수하면서 물을 줍니다. 햇빛이 거의 들지 않는 곳에서도 자라는 식물이라면 물 쓰는 곳 가까이에 디스플레이하는 것도 아이디어.

LIVING ROOM

식물마다 최적의 일광량을 생각하며 자리 배치

좋아하는 반려식물인 유포르비아 화이트고스트(p94)를 시작으로 각각의 상태를 잘 살펴서 필요한 일광량과 환경을 파악한 후, 반복해가면서 배치를 바꿨습니다. 그러다가 드디어 완벽한 자리에 정착했어요. 텔레비전 옆처럼 소파에서 보이는 장소에 식물을 놓아두면 쉬면서 마음이 온화해집니다.

덩굴성 식물인 스킨답서스의 한종류인 라임 스킨답서스는 라임색이 특징. 스피커의 높이를 살려서 늘어져 내리도록 올려놓고 자라는 모습을 즐기고 있어요.

실내에서 잘 자라는 고무나무(p81)도 기르기 쉬운 식물입니다. 라탄 화분 커버에 넣어서 디스플레이 했어요. 화분의 흙 부분에는 틸란드시아를 놓아둡니다.

유포르비아 화이트고스트(p94)는 어디에 놓아도 그림이 되는 개성적인 형태와 흰 색감이 특징인 다육식물. 하얀 색감이 인테리어 화초로서 포인트가 됩니다.

박쥐란

BEDROOM

잡화와 식물을 즐기는 사랑스러운 방

집안에서 가장 햇빛이 잘 드는 방이라 많은 반려식물이 있어요. 박쥐란(p83) 이외의 화초는 계절에 따라 베란다에 내놓거나 다시 방안으로 들이는 등 일광량을 조절하면서 튼튼하게 키우고 있는 중입니다. 또 화초와 어울리는 여러 잡화도 장식해두고 침실과 취미방을 겸해서 즐기고 있답니다.

하월시아

만상

하월시아 속의 다육식물은 실내에서도 잘 자라고 잎도 무척 예쁜 것이 많아서 키우는 재미가 있어요. 창가에 놓고 잎을 통해 비치는 햇빛 바라보기를 좋아해요.

하월시아 청수정은 제가 가장 먼저 만난 다육식물이라서 마음이 더 가요. 초보 중에 초보였던 저도 키우기 쉬웠던 식물로 지금까지 이만큼 크게 키웠어요. 투명한 아름다운 잎이 환상적.

하월시아 청수정

틸란드시아 세로그라피카

굽이 달린 앤틱 접시에 여동생이 준 세로그라피카를 장식했어요. 접시 째로 부엌으로 들고 와 물을 줄 수 있어서 이동이 편해요. 존재감이 있는 크기가 좋습니다.

에크메아 파시아타
페페로미아
산세베리아 스투키

바깥 경치와 함께 페페로미아(p89) 등의 화초를 바라보면서 책을 읽을 수 있는 휴식 장소입니다. 크고 작은 선인장을 잡화와 함께 디스플레이 해두었어요.

Column 1

컬러풀한 다육식물에 푹 빠졌어요

탱글탱글한 질감의 다육식물. 색과 모양이 다채로워
센스있게 모아 심기해 놓은 모습은 인스타그램에서도 인기.

Name / okeihan 씨   Instagram ID / @okeihan34

살고 있는 아파트 베란다에서 기르는 다육식물들을 다양한 모아 심기용 화분에
신경을 써서 담았다. 그런 만큼 다육식물 자체는 심플하면서 적당한 가격대를 고른다.

(오른쪽 위) 지름 10cm정도의 리스에 을녀심(p98), 춘맹, 백모란(p96), 희추려, 오로라 등의 작은 꺾꽂이용 묘목을 모아 심기했어요. (오른쪽 아래) 오래된 장롱의 서랍으로 만든 복고풍 화분에 담았습니다. 커다란 비어홉이 아래로 늘어지며 자라는 모습을 보는 것이 재미있고 즐거워요. (왼쪽 위) 베란다에 다육식물용 선반을 1~4호까지 만들었어요. 이곳은 1호 선반. 좋아하는 것들만 모아심은 선반입니다. (왼쪽 아래) 이 화분은 모르타르 작가분의 작품이랍니다. 분홍색 화분에 담긴 매화바위솔, 수연, 데비, 연화바위솔 등이 환상적인 분위기를 자아냅니다.

| Name | / | **mayuno 씨** | Instagram ID | / | **@mayuno313** |

녹슨 캔에 다육식물을 잘 어울리게 심는 것이 mayuno 씨의 모아 심기 기술.
다육식물을 탱글탱글하게 유지시키기 위해 햇빛을 자주 쬐어주고 물은 가끔씩.

(오른쪽 위) 잎꽂이해서 키운 미니 다육을 리폼한 작은 병에 모아 심기. (오른쪽 아래) 위로 뻗어 올라가는 타입의 오로라, 블루빈스, 홍미인을 뒤쪽에 배치하여 높낮이 차를 두고 양쪽 끝으로 녹영(p95)을 늘어뜨려서 생동감을 주었어요. 정면에서 볼 때 귀여워보이는 모아 심기. (왼쪽 위) 모란처럼 생긴 다육식물인 매혹의 달을 메인으로 뒤쪽에 선 무을녀가 춤을 추는 이미지입니다. (왼쪽 아래) 다육식물과 잡화로 꾸몄어요. 빈티지한 잡화와 다육식물이 잘 어울려 제가 좋아하는 공간입니다.

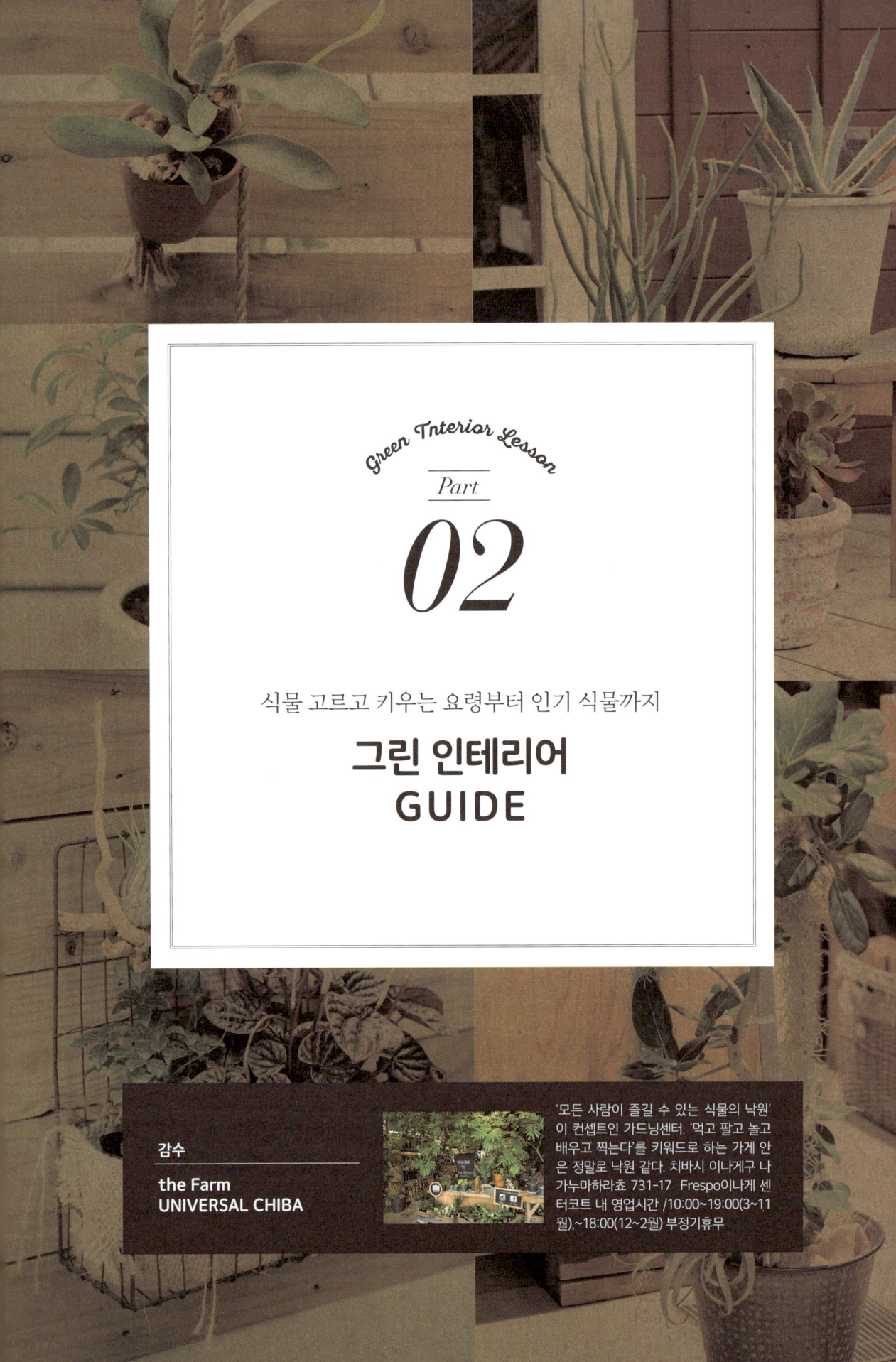

Green Interior Lesson

Part
02

식물 고르고 키우는 요령부터 인기 식물까지
그린 인테리어 GUIDE

감수
**the Farm
UNIVERSAL CHIBA**

'모든 사람이 즐길 수 있는 식물의 낙원'이 컨셉인 가드닝센터. '먹고 팔고 놀고 배우고 찍는다'를 키워드로 하는 가게 안은 정말로 낙원 같다. 치바시 이나게구 나가누마하라쵸 731-17 Frespo이나게 센터코트 내 영업시간 /10:00~19:00(3~11월),~18:00(12~2월) 부정기휴무

그린인테리어
GUIDE

식물 키우는 법

키우는 법
1

기본 관리법

매일 관찰하며 식물의 상태를 체크하는 것이 중요

식물과 함께 하는 생활을 꿈꾸다가도 내가 잘 키울 수 있을까 하는 불안한 마음에 미리 포기한 적은 없나요? 그런 분들을 위해 생명체인 식물을 잘 키우는 중요한 기본 포인트를 소개합니다.

우선은 집안 환경을 확인하고 식물에 맞게 조절하는 것이 필요합니다. 식물에게 햇빛이 잘 들고 바람이 잘 통하는 환경이 최적이지만 현실은 그렇지 않은 경우가 많습니다. 그늘이나 창이 적은 곳에 그린 인테리어를 시도할 경우에는 환경에 맞는 식물을 고르면 실패하지 않고 잘 키울 수 있습니다.

그 다음으로 중요한 것은 물 주기입니다. 물은 매일 주는 것이 좋은 것이 아니라 신축성 있는 물 주기가 기본. 잘못된 방법으로 물을 주는 것이 식물을 시들게 하는 가장 큰 원인이 됩니다. 그렇다고는 해도 방치하면 안됩니다. 너무 건조하면 시들어버릴 가능성이 크니까요.

또 건강하게 키우기 위해 정기적으로 비료를 주는 것도 필요합니다. 식물의 생육기인 봄과 가을 등 사람도 지내기 좋은 시즌에 비료를 주는 것이 가장 좋은 타이밍. 단 분갈이 직후에는 피하는 것이 좋습니다.

다음은 매일 식물을 관찰하여 잎이 너무 마르지 않았는지, 잎이 타지 않았는지, 벌레가 생기지 않았는지 등, 상태를 세세하게 체크하도록 하세요. 그렇게 하면 만일 문제가 발생하더라도 재빨리 대처할 수 있습니다. 이렇게 기본 관리법을 잘 익혀 식물이 있는 생활을 즐겨보세요.

키우는 법
2
장소에 맞게 식물 고르는 법

놓을 곳의 환경에 맞는 반려식물을 고르는 것이 중요

처음으로 집에 반려식물을 맞이할 때 가장 중요한 것은 집 안 '어디에 놓고 싶은가'입니다.
그 장소의 일광, 통풍 등의 환경이 반려식물의 생육에 영향을 주기 때문입니다.
우선은 그 환경을 확인한 후에 식물을 고르기 시작하세요.

■ 빛이 잘 드는 실내

**식물이 가장 좋아하는 환경이지만
잎이 타는 경우도 있다**

기본적으로 식물이 가장 좋아하는 환경으로, 식물의 성장을 촉진시키는 데 적합합니다. 단, 여름철 강한 햇빛 등으로 잎이 타기도 하므로 주의가 필요합니다. 또 물이 금방 마르는 식물도 있으므로 물 주기는 부지런히.

적당한 식물 / 시그레이프, 술병란(덕구리란), 덩이뿌리식물.

■ 밝은 실내 (커튼 너머)

**어떤 식물이든 키우기 쉬운
반려식물에게 최적의 환경**

직사광선을 피한 밝은 실내와 커튼 너머의 창가는 놓을 수 있는 식물의 종류가 가장 많은 환경입니다. 기본적으로 어떤 식물도 햇빛은 중요하므로 초보자는 우선 커튼이 쳐진 창가에 반려식물 공간 만들기를 추천합니다.

적당한 식물 / 휘카스류, 에버프레시 등.

■ 그늘인 실내

**양치류 등 내음성이 있는
식물에게 좋다**

원종 자체가 숲 속의 응달 등, 습도가 높은 곳에서 살았던 내음성이 있는 식물은 실내 그늘에서도 OK. 단, 물을 너무 많이 줘서 뿌리가 썩는 경우도 많기 때문에 충분히 주의할 것. 또 잎 색깔이 나빠지기 쉬우므로 정기적으로 햇빛을 쬐어주도록 합니다.

적당한 식물 / 양치류와 내음성이 있는 몬스테라, 필로덴드론, 안스리움 등.

■ 베란다

**햇빛을 아주 좋아하는
다육식물, 선인장, 허브류 추천**

원래 사막지역이나 직사광선 아래서 살아온 식물, 정원수처럼 크게 자라는 식물은 베란다에서 키우는 것이 베스트. 가드닝 감각으로 즐길 수 있습니다. 단, 온도차가 크기 때문에 더위와 추위대책이 필수입니다.

적당한 식물 / 로즈마리 등 허브류, 올리브 등 정원수 타입, 다육식물, 선인장 등.

■ 화장실이나 현관처럼 빛이 전혀 들어오지 않는 장소

**장기간 두는 것은 피하고
인조식물이나 말린 식물로 즐긴다**

식물에게 햇빛은 절대적으로 필요합니다. 그러므로 빛이 전혀 들어오지 않는 장소에서 건강하게 키운다는 것은 무리입니다. 꼭 그런 환경에 놓고 싶다면 하루 중에 몇 시간이라도 밝은 장소로 이동시키거나 인조식물 등을 고르도록 하세요.

적당한 식물 / 인조식물, 드라이리스, 드라이플라워 등.

키우는 법
3
식 물 잘 고 르 는 법

잎의 윤기, 뿌리의 생기를 확인해서 건강한 화분을 고르세요

관엽식물은 열대와 아열대가 원산지인 것이 많기 때문에 점점 따뜻해지는 5월쯤이 가장 건강한 시즌입니다. 물론 화원에 싱싱하고 건강한 관엽식물이 많이 나와 있을 시기이기도 하고요. 기분 좋은 햇빛을 받을 수 있는, 식물이 성장하는데 가장 좋은 시즌에 구입하는 것을 추천합니다.

- [✓] 새순이 많이 나와 있다
- [✓] 잎 모양이 탄탄하고 크기가 비슷하다
- [✓] 뿌리를 잘 뻗고 있다
- [✓] 잎에 윤기가 있고 싱싱한 초록색이다

키우는 법
4
식물과 잘 어울리는 화분 고르는 법

식물의 형태에 맞춰서 화분을 고르세요

화분을 고르는 것은 식물을 기르는 즐거움 중 하나이기도 합니다.
화분 디자인을 실내 인테리어와 맞추는 것은 기본이고, 식물의 형태와 화분의 조화도 중요합니다.
식물 본래의 매력을 이끌어내기 위해서도 꼭 참고하세요.

마름모형

불륨감 있는 수목형에는 콤팩트한 화분을

가지와 잎이 좌우상하로 벌어지는 관엽식물은 바닥이 오므라진 실루엣의 화분이 잘 어울립니다. 마름모 실루엣으로 완성하면 나무의 매력이 보다 돋보입니다.

역사다리꼴형

벌어지는 잎에는 안정감있는 화분으로 밸런스를

위를 향해서 벌어지며 자라는 잎과 가지를 가진 식물에는 묵직해서 안정감 있는 화분을 매치하는 것을 추천. 역사다리꼴 실루엣으로 깔끔한 인상으로 마무리합니다.

잘록형

잎이 높은 곳에 붙어있는 식물에게는 같은 밸런스의 화분을

윗부분에 잎이 많이 붙어있고 중간에는 가지와 잎이 없는 관엽식물은 불안정해보이지 않도록 잎이 붙은 윗부분과 비슷한 크기의 화분을 고르는 것을 추천.

저중심형

개성적인 가지 모양을 살릴 수 있는 저중심 화분이 좋다

자그마한 잎에 움직임이 있는 가지가 특징인 개성적인 실루엣에는 심플한 디자인의 저중심 화분을 매치하면 잎과 가지로 시선을 향하게 할 수 있습니다.

키우는 법
5
그 린 인 테 리 어 테 크 닉

■ 격차를 둔다

**식물의 크고 작음을 설정하여
높낮이를 달리해 배치한다**

그저 바닥에 식물을 늘어놓듯 배치하면 너무 단조롭게 보입니다. 상자나 받침, 작은 의자 등으로 높낮이를 두어 식물을 장식해보세요. 그때 식물의 사이즈감, 겉모습에도 변화를 주면 보다 센스있게 보입니다.

■ 매달거나 벽에 건다

**스타일리시한 행잉으로
멋스럽게**

덩굴성 식물이나 틸란드시아 등은 천장에서 매달거나 벽에 걸어서 장식하는 것을 추천합니다. 요즘에는 내추럴한 스타일부터 철제까지 세련되고 다양한 행잉아이템이 나와 있으니 집안 스타일에 맞춰서 고르도록 합니다.

■ 모아서 장식한다

**모아 심기를 하거나
트레이 또는 바구니에 모아둔다**

작은 화분을 여러 개 모아서 심거나, 트레이에 다른 크기의 화분을 올려주면 순식간에 멋스러운 분위기가 완성됩니다. 밸런스를 맞추기 어렵다면 우선 화분에 틸란드시아를 조합시키는 것부터 시작해보세요.

■ 수경재배

**요즘 인기있는 수경재배로
시원스러운 분위기 연출**

물을 넣은 병에 식물을 올려놓고 뿌리만 담가서 재배하는 수경재배는 요 몇 년 사이 인기를 얻고 있는 식물 장식법. 선인장이나 구근이 있는 식물이 중심이지만 빛과 물로 자라기 때문에 시원하게 느껴집니다. 창가에 두면 반짝반짝한 빛이 방 안에 반사됩니다.

키우는 법
6
계절에 따른 주의점

봄 Spring

**대부분의 반려식물이
성장하기 시작하는 시기
분갈이도 추천**

조금씩 따뜻해지는 봄은 식물의 생육기이며 새순이나 뿌리가 서서히 성장하기 시작하는 시기. 겨울 동안 피했던 물주기도 기온의 상승, 식물의 활동에 맞춰서 늘려주세요. 또, 크게 키우기 위해서 분갈이나 가지치기, 비료를 주기에도 가장 좋은 계절입니다. 햇빛도 아직 부드러우니 식물을 가끔 밖에 내놓도록 하세요.

여름 Summer

**물마름, 햇빛, 온도…
반려식물이 힘들어하는
더위에도 주의가 필요합니다.**

식물 중에는 더위에 취약한 종류도 많기 때문에 잘 돌봐야합니다. 물이 마르지 않는지, 햇빛을 많이 받아서 잎이 타지는 않는지, 습도가 높아서 물러지지는 않는지 빠짐없이 체크. 물은 시원한 시간에 주고 통풍을 잘 하고 너무 강한 햇빛을 피하는 등 식물이 기분 좋게 지낼 수 있는 환경을 만들어주세요.

가을 Autumn

**활동이 조금씩 약해지지만
아직 성장을
계속하는 시기**

아직 생육기인 식물이 많이 있지만 날씨가 추워지면서 조금씩 활동이 약해지는 시기입니다. 겨울에는 추위로 식물이 지치기 때문에 비료나 영양제 등을 미리 주는 것이 좋습니다. 겨울형 다육식물이나 덩이뿌리식물의 생육이 시작되는 시즌이기도 합니다. 아침 저녁으로 추워지기 시작하면 서서히 물주는 간격을 넓히는 것도 잊지마세요.

겨울 Winter

**성장이 약해지는 시기
추위와 건조에 주의하고
물을 너무 많이 주지 않도록 조심**

대부분의 식물은 성장이 약해지기 시작, 물도 거의 흡수하지 않기 때문에 물을 너무 많이 주지 않도록 주의하세요. 또 공기가 건조해지기 시작하므로 잎에 물을 뿌려주어 습도를 올리는 등 대책을 세웁니다. 관엽식물 대부분이 따뜻한 곳이 원산지로 추위에 약한 타입이 많기 때문에 창가에 놓아 둔 식물은 추위에 주의가 필요. 가능한 따뜻한 장소로 옮기세요.

키우는 법
7
물 주는 법

■ 큰 화분 관엽식물

물을 줄 때는 화분 밑으로 물이 흘러나올 때까지 듬뿍. 화분받침에 고인 물은 깔끔하게 버립니다. 횟수는 봄과 가을에는 자주, 겨울에는 적게 주고 마른듯하게 관리하세요.

■ 작은 화분 관엽식물

잘 마르기 때문에 흙의 상태를 자주 보면서 물을 주세요.
작은 화분은 물을 모아두는 용량도 적기 때문에 흙이 말랐으면 정성껏 물을 듬뿍 줍니다.

■ 덩굴성 식물

흙 표면이 완전히 말랐을 때 물을 듬뿍 주는 기본 물주기 방법으로 OK. 또 잎에 물을 주는 것도 효과적이므로 너무 잎이 말랐으면 정기적으로 잎에 물을 뿌려주세요. 여름과 겨울엔 물을 아주 조금 주어서 뿌리가 썩는 것을 방지합니다.

■ 양치식물

양치식물은 물을 좋아하므로 흙 표면이 마르면 화분바닥으로 흘러나올 때까지 물을 듬뿍 주세요. 물이 모자라면 금방 잎이 갈색으로 변하므로 여름에는 매일 주는 것도 OK. 분무기로 잎 안팎에 물을 뿌려주는 것도 추천합니다.

■ 틸란드시아

물주기는 주 2회 이상이 좋습니다. 분무기로 틸란드시아 전체에 물을 뿌려서 완전히 적셔줍니다. 그 후에 바람이 잘 통하는 곳에서 확실하게 말려주는 것이 포인트. 너무 말랐을 때는 물에 담가두는 소킹(soaking) 도 추천.

■ 다육식물

건조한 것을 좋아하는 다육식물은 뿌리가 썩기 쉽습니다. 물주는 횟수는 아주 적게, 생육기인 봄과 가을에는 화분 속의 흙이 전부 말랐으면 물이 화분바닥으로 흘러나올 정도까지 듬뿍 줍니다. 구입할 때는 물주는 방법을 꼭 확인하세요.

키우는 법
8
비닐포트에서 꺼내 분갈이하는 법

POINT
- ✓ 크게 키우려면 봄이나 가을에 한 둘레 큰 화분에 분갈이
- ✓ 관엽식물용 배합토를 사용
- ✓ 비닐포트에서 뺀 상태 그대로 분갈이

준비할 것

옮겨 심을 식물(홍콩야자), 새 화분, 화분깔망, 화분자갈, 관엽식물용 흙, 흙스쿱, 나무젓가락 같은 가는 막대, 바닥에 깔 밧뜨나 신문지 등이 있으면 편리합니다.

1 화분깔망을 넣는다

화분바닥에 있는 구멍에 맞춰서 적당한 크기로 자른 화분깔망을 새 화분 바닥에 놓고 구멍을 막아줍니다.

2 화분자갈을 적당량 넣는다

시판 화분자갈을 화분바닥 한 면이 메워질 정도로 깔아줍니다. 키가 큰 화분인 경우는 자갈 양을 늘려서 바닥을 높여주세요.

3 흙을 넣는다

심을 식물이 알맞게 들어갈 모습을 생각하면서 돌이 보이지 않도록 흙을 조절해가면서 넣습니다.

4 비닐포트에서 식물을 꺼낸다

흙이 말라있을 경우엔 톡톡 치면서 빼냅니다. 젖어있을 경우엔 비닐포트를 약간 주물러주면 잘 빠집니다.

5 빼낸 식물을 새 화분에 넣는다

비닐포트에서 빼서 새 화분에 넣습니다. 높이와 방향을 확인하고 화분 가장자리에서 1~2cm 아래 정도의 높이가 되도록 합니다.

6 비어있는 공간에 흙을 넣는다

식물이 똑바로 세워지도록 한손으로 누르면서 뿌리와 화분 사이 빈 공간에 흙을 넣어줍니다.

7 막대를 이용하여
흙과 화분 빈틈을 없앤다

어느 정도 흙이 들어갔으면 뿌리가 상하지 않도록 나무젓가락이나 막대로 아래쪽까지 빈틈없이 흙이 들어가도록 찔러줍니다.

8 화분을 탁탁 쳐서 흙을
화분 안쪽까지 채운다

화분의 틈이 메워졌으면 흙이 잘 들어가도록 화분을 테이블에 대고 탁탁 쳐주어 흙이 화분 안쪽까지 잘 채워지도록 합니다.

9 뿌리를 확실하게
고정시킨다

더욱 확실하게 고정하기 위해 흙의 표면을 손가락으로 누르고 표면을 정돈합니다. 이때 흙이 아래로 내려가면 흙을 추가합니다.

10 물을
듬뿍 준다

마지막으로 물이 바닥으로 흘러나올 때까지 물을 듬뿍 줍니다. 더러워지지 않도록 화분받침에 흘러나온 물은 버리세요.

FINISH

사 올 때 들어있는 비닐포트는 열과 습기가 가득 차있으므로 빨리 분갈이를 해주세요. 분갈이한 후 1~2일은 햇빛이 닿지 않고 통풍이 잘 되는 장소에 두고 환경에 적응하도록 합니다.

키우는 법
9
다육식물 모아 심는 법

POINT
- ☑ 흙에 넣기 전 배치를 생각해 둘 것
- ☑ 높이가 다른 식물을 고르면 밸런스가 좋아진다
- ☑ 선인장 및 다육식물용 배합토를 사용

준비할 것

모종(원하는 것으로 여러 종류), 새 화분, 화분자갈, 선인장. 다육식물용 흙, 흙스쿱, 핀셋, 바닥에 깔 밧드나 신문지 등이 있으면 편리합니다.

1 화분 자갈을 넣는다

화분의 1/3정도까지 시판 화분자갈을 깔아서 채워줍니다. 양철 캔 같은 경우는 흙이 뜨거워지는 것을 막는 효과도 있습니다.

2 흙을 넣는다

화분 가장자리에서 1cm 아래 정도까지 흙을 넣습니다. 미리 여러 종류의 흙이 배합되어있는 다육식물용 흙이 편리합니다.

3 모종을 늘어놓고 배치를 정한다

심기 전에 화분 옆에 모종을 놓고 미리 배치를 정합니다. 키가 큰 것을 뒤쪽에 배치하면 균형감있게 완성됩니다.

4 모종을 비닐포트에서 꺼낸다

구입했을 때의 비닐포트에서 모종을 꺼낸 다음 흙을 문질러서 떨어뜨립니다. 떨어진 흙은 다시 쓰지 말고 버리세요.

5 모종의 뿌리를 적당량 떼어 낸다

모종에 달려있는 오래된 뿌리를 제거합니다. 심을 부분을 만들기 위해서 떨어질 것 같은 아래쪽 잎도 떼어내세요.

6 포기를 나눠서 심기 좋게 만든다

녹영처럼 볼륨이 있는 것은 포기를 나눕니다. 빈틈을 채울 때 쓰도록 여러 포기로 나눠두면 편리합니다.

Green Interior Lesson **Part 02** >>> 73

7 준비가 되었으면 한 번 더 배치확인

모든 모종을 분해했으면 다시 한 번 화분과 나란히 놓고 심을 위치의 밸런스를 확인하고 이미지화하세요.

8 모종을 심는다

심는 부분에 작은 구덩이를 파고 완성된 이미지를 떠올리면서 모종을 흙에 심기 시작합니다. 키가 크고 커다란 모종부터 하나씩 심습니다.

9 빈틈을 메우듯이 모종을 넣는다

포기를 나눠둔 녹영은 빈틈을 메꾸듯이 몇 개 심습니다. 뒤에서 돌리듯이 심으면 자연스럽습니다.

10 흔들리는지 확인하고 흙을 추가한다

모종이 안정되도록 빈틈에 흙을 넣어줍니다. 화분 가장자리 거의 끝까지 넣고 확실하게 고정시킵니다.

11 핀셋으로 잘 어우러지게 정리한다

핀셋으로 흙을 찔러주면서 뿌리 주변이나 포기 사이에 흙을 넣어줍니다. 속까지 흙을 잘 채우면서 안정시킵니다.

12 물을 주고 안정시킨다

마지막으로 화분받침에 넘칠 정도로 듬뿍 물을 줍니다. 물줄기가 식물에 많이 닿지 않도록 옆쪽에서 물을 줍니다.

FINISH

뒤쪽은 높게, 가운데는 비슷한 디자인을 심고 앞쪽에 움직임이 있는 식물을 배치하였습니다. 사랑스럽고 균형감있게 완성되었어요.

키우는 법
10
식 물 관 리 Q & A

 화분 분갈이 타이밍은 어떻게 알 수 있나요?

A **2년 정도 지났으면 가능한 빨리 분갈이를 해주세요.**

대부분의 식물은 2년 정도 지나면 화분 안이 뿌리로 가득 차서 화분 바닥으로 뿌리가 튀어나오거나 흙 위로 뿌리가 나오기도 합니다. 또 물을 줘도 흡수가 잘 안 되고 잎 색깔이 나빠지는 것 등도 식물을 분갈이할 타이밍이라는 힌트입니다.

 기운이 없어 보일 때는 무엇을 해주면 좋을까요?

A **식물과 흙을 빈틈없이 체크해서 변화를 발견하세요.**

우선 이제까지와 어디가 다른지를 확인하세요. 벌레가 생긴 것은 아닌지 등 잎이나 줄기의 상태를 확인합니다. 흙이 너무 마르지 않았는지, 너무 축축하지 않은지도 중요합니다. 또 놓는 장소를 바꾼 다음, 상태를 관찰하거나 건강한 잎과 줄기만 남기고 나머지는 잘라버리는 것도 한 가지 방법입니다.

Q **너무 크게 자라지 않도록 하려면 어떻게 해야 하나요?**

A **자주 가지치기를 하거나 분갈이 할 때 뿌리를 잘라줍니다.**

방과의 밸런스 등으로 식물을 크게 키우기 싫고 크게 키울 수 없을 때는 가지를 성장점에서 가지치기하거나 분갈이를 할 때 뿌리를 잘라주는 것을 추천. 또 분갈이할 때 큰 화분을 쓰지 않는 것도 포인트입니다.

Q 금방 시들어버려서 고민입니다

A 놓는 장소, 물 주기 빈도 등을 확인하여 원인을 찾으세요

시드는 원인은 대부분이 물을 너무 많이 주거나 물 주는 것을 잊어버리는 것 등, 물 주기가 원인인 경우가 많기 때문에 우선 물 주기 빈도를 다시 생각하세요. 또 햇빛이 들어오는 상태 등 놓여 있는 환경이 그 식물에게 적당한지도 다시 한 번 확인.

Q 외출이나 출장이 잦아서 물 주는 것이 걱정입니다

A 약간 큼직한 화분에 심어 물을 많이 저장한 상태를 유지하도록 하세요

식물을 고를 때 건조에 강한 식물이나 흙이 많이 들어있는 큼직한 화분을 고르면 물주는 빈도를 줄일 수 있습니다. 단 큼직한 화분을 골랐다면 뿌리가 썩지 않도록 흙이 마른 다음에 물을 주는 주의가 필요합니다.

Q 처음 반려식물을 구입할 때 고르는 요령을 알려주세요!

A 잎이 많은 타입이나 가지와 잎이 있는 것이 키우기 쉽습니다.

식물 키우기 초보자라면 립살리스처럼 전체가 잎인 식물을 추천합니다. 또는 크기가 작아도 나무처럼 가지가 있는 파키라나 건조에 강한 다육식물을 추천합니다. 좀더 구체적인 것은 생활리듬과도 맞춰야 하므로 화원에 가서 상담해보세요.

Q 비료는 주는 것이 좋나요?

A 생육기인 봄과 가을에 비료를 주는 것이 베스트

비료를 주려면 그 시기가 중요합니다. 식물이 지내기 쉬우면서 생육기인 봄, 가을에 주면 성장에 도움이 됩니다. 여름과 겨울은 식물에게 잔혹한 기후이므로 비료가 오히려 부담이 될 수 있으니 피하세요.

그린 인테리어
GUIDE

인기 식물 리스트

LIST _ 01

관엽식물

기본적인 잎을 관상하는 관엽식물부터 인기있는 것을 골랐습니다.
키우는데 최적의 장소에 맞추어 소개합니다.

내음성이 있는 식물을 추천 / **그늘에서도 OK**

내음성이 있는 식물이라면 빛이 잘 들지 않는 실내에서도 키울 수 있습니다.
잎 색깔이 누렇게 되거나 잎이 떨어지는 경우에는 밝은 장소로 옮기세요.

◀ **몬스테라**

아메리카 열대지역에 20~30종류가 분포 되어있는 몬스테라. 덩굴이 뻗는 식물로 성장함에 따라서 잎맥에 걸쳐서 깊이 파이거나 구멍이 생기는 등 독특한 형태의 잎이 되는 것이 특징.

천남성과 몬스테라속(봉래초라고도 함)
원산지 : 열대 아메리카

◀ 떡갈잎 고무나무

광택이 있으며 굉장한 존재감이 느껴지는 잎이 특징. 내음성, 내한성이 뛰어나므로 식물 기르기 초보자에게도 추천. 잎이 그다지 커지지 않기 때문에 콤팩트하게 키우고 싶은 사람에게도 잘 맞는다.

뽕나무과 휘카스속
원산지 : 열대 아프리카

▶ 폴리시아스

풍성하게 우거지는 귀여운 작은 잎이 매력. 폴리시아스의 종류는 아주 다양한데 잎이 둥글거나 파임이 있는 것 등 세계적으로 100종류가 넘는다. 대만 아랄리아라고도 불립니다.

두릅나무과 폴리시아스속
원산지 : 아시아, 아프리카, 오스트레일리아, 태평양제도의 열대

◀ 실버레이디 (볼레크넘 기범 Blechnum gibbum)

줄기 정상부에서 부드럽고 아름다운 잎을 방사상으로 펼친다. 공룡시대부터 존재했을 것 같은 신비한 분위기. 목생양치식물의 하나로 줄기가 야자수처럼 곧게 서는 것이 특징. 강한 빛을 피하고 실내의 그늘에 두세요.

고란초과
원산지 : 뉴칼레도니아

햇빛을 듬뿍 받을 수 있는
창가가 좋다◎

햇빛이 좋아요

식물은 기본적으로 햇빛을 좋아합니다. 그래서 창가 등 태양광이 닿는 장소에서 기르거나, 정기적으로 햇볕이 내리쬐는 곳으로 옮겨주는 것이 가장 좋습니다. 식물 중에서도 특히 햇볕을 좋아하는 종류를 모았습니다.

◀ 타베비아

일본에서는 잘 유통되지 않는 희소식물로 황금트럼펫나무라고도 합니다. 벤자민처럼 사랑스러운 작은 잎과 귀여운 수형이 매력. 열대지역에서는 가로수로 심을 정도로 햇빛을 무척 좋아하는 식물.

능소화과 타베비아속
원산지 : 브라질

▶ 퀸즐랜드 병나무

굵은 밑동이 매력적인 퀸즐랜드 병나무는 밑동의 모양이 와인병처럼 보여서 이런 이름이 붙었어요. 밑동과는 대조적으로 가늘고 긴, 섬세한 잎의 아름다움도 매력적. 원산지에서는 20미터 가까이 자라기도 합니다.

아욱과 브라키키톤속
원산지 : 오스트레일리아

◀ 인삼벤자민

동남아시아부터 일본 남부에 걸쳐 서식하는, 높이가 20미터 이상까지 자라는 고목. 두툼하고 광택이 있는 작은 잎사귀는 아름다운 진한 녹색. 햇빛을 좋아하고 건조에도 강하기 때문에 반려식물로 추천.

뽕나무과 휘카스속
원산지 : 동남아시아 ~ 일본 남부

▶ 산세베리아 스투키

날씬하게 위로 자라며 가늘고 단단한 잎이 스타일리시한 스투키는 공기정화작용을 한다고 알려져 있는 상록 다육식물. 강한 햇빛과 고온을 좋아하고 건조에도 무척 강해서 정말 키우기 편합니다.

용설란아과 산세베리아속
원산지 : 아프리카 건조지역

◀ 술병란(덕구리란)

줄기 윗부분에서 가늘고 긴 잎을 여러 개 늘어뜨리는 유니크한 모습이 인기인 술병란. 술병처럼 부풀어있는 줄기 아래쪽에 물을 비축해두는 성질이 있어서 장기간 건조에도 잘 견딥니다.

아스파라거스과 술병란속
원산지 : 멕시코

직사광선을 피한 부드러운 햇빛은 만능! / # 커튼 너머가 베스트

실내에서 키울 수 있는 관엽식물은 레이스 커튼 너머로 들어오는 빛이라도 충분히 잘 자랍니다.
계절에 따라 빛의 양을 잘 조절하면 더욱 건강하게.

◀ 휘카스 움베르타

인도고무나무와 같은 속으로 하트 모양의 부드럽고 커다란 잎을 가진 인기 상록수. 겨울에 잎이 떨어져도 봄이 되면 새로운 잎이 나면서 무성해집니다. 일광과 고온다습을 좋아하는 비교적 키우기 쉬운 반려식물입니다.

뽕나무과 휘카스속
원산지 : 열대아프리카 저지대

▶ 버건디 인도고무나무

인도고무나무에서 파생된 종으로, 잎이 적흙색을 띠어 시크하고 스마트한 품종. 빨강색 새순과 검은색 잎이 대조되는 아름다움이 특징으로 태양광 아래에서는 잎 색깔이 더욱 선명해집니다. 잘 자라기 때문에 초보자에게도 추천.

뽕나무과 휘카스속
원산지 : 인도

◀ 인도고무나무(Ficus elastica)

윤기있는 잎이 적흙색을 띠는, 어른스러운 분위기가 특징. 일반적인 고무나무보다 잎이 작아서 콤팩트한 방에서도 키우기 쉽습니다. 실내에서는 가능한 밝은 장소에 두면 아름다운 잎색을 유지할 수 있어요.

뽕나무과 휘카스속
원산지 : 인도, 미얀마

▶ 고무나무(Ficus altissima)

잎맥과 잎 테두리에 밝은 노란색 무늬가 놓인 듯한 커다란 잎이 특징인 고무나무의 한 종류. 밝은 초록과 노랑색의 대조가 인상적. 밝은 실내에서 관리하면 잎의 아름다운 무늬를 유지할 수 있습니다.

뽕나무과 휘카스속
원산지 : 인도 ~ 동남아시아

◀ 벵갈고무나무

타원형의 사랑스럽고 온화한 느낌을 띤 잎에 선명하게 들어간 잎맥과 성장하면서 하얗게 변하는 줄기가 특징인 벵갈고무나무. 멋스러운 모습으로 어떤 공간에도 잘 어울립니다.

뽕나무과 휘카스속
원산지: 인도, 스리랑카, 동남아시아

◀ 파키라

5~7장의 선명한 녹색 잎이 손가락을 쫙 펼친 것 같은 형태로 자랍니다. 진한 녹색 잎이 기본이지만 최근에는 잎에 흰색이나 노란색 얼룩이 있는 것도 인기. 건조에도 강하고 튼튼하기까지 해서 키우기 쉽습니다.

아욱과 파키라속
원산지 : 열대 아메리카(멕시코, 기아나, 코스타리카 등)

▶ 에버프레시

중남미나 동남아시아에 자생하는 상록수. 작은 잎이 연이어 돋아있는 깃털 같은 잎이 아름답습니다. 미모사처럼 밤이 되면 잎이 닫히기 때문에 낮과 밤에 다른 잎 모양을 즐길 수 있는 것도 독특해요.

콩과 피토헤케로비움속
원산지 : 중남미, 동남아시아

◀ 쉐프렐라 앙구스티폴리아 (Schefflera sp angusstifolia)

'창 같은 잎의 모양'이라는 의미의 이름대로, 광택이 있는 가늘고 긴 잎이 특징. 쉐프렐라 중에서는 추위에 약한 편이라 실내에서 겨울을 보내는 것이 좋지만 내음성이 있고 병충해에 강하기 때문에 선물로도 추천.

오갈피과 쉐프렐라속
원산지 : 중국, 대만

◀ 드리세나 토네이도

성장점을 중심으로 구불구불 소용돌이를 치면서 잎이 무성해지는 독특한 식물. 잎이 한 개씩 말려있기 때문에 색다른 식물을 찾는 이들에게 추천. 무척 키우기 쉬운 것도 식물 초보자에게 매력입니다.

용설란아과 드리세나속
원산지: 열대아프리카

▶ 대엽홍콩야자

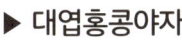

약간 두께가 있고 윤기있는 진녹색으로 손가락을 펼친 듯한 잎을 가진 식물. 실내 어디에 두어도 모양이 그다지 흐트러지지 않기 때문에 그린 인테리어에 제격. 키우기 쉬워 초보자에게도 안성맞춤입니다. 개성적이고 곡선인 줄기의 아름다운 실루엣이 특징.

오갈피과 쉐프렐라속
원산지 : 아삼~말레이반도, 동남아시아 열대우림기후권

◀ 박쥐란

최근 높은 인기를 얻고 있는 박쥐란은 나무나 돌에 달라붙어서 생식하는 기생식물. 박쥐 날개같은 형태를 한 커다란 잎은 박력이 넘칩니다.

오갈피과 쉐프렐라속
원산지 : 동남아시아, 오스트레일리아 북부, 뉴칼레도니아

관엽식물 / 덩굴성식물 / 양치식물 / 덩이뿌리식물 / 다육식물 / 틸란드시아

햇볕을 좋아하는 식물이라면
바깥에서도 OK

베란다와 정원에서

더위에 강하고 추위도 잘 견디는 종류의 식물이라면 베란다나 정원에서 키울 수 있습니다.
이 경우에 원종이 태양광에 강한 타입이나 원산지가 건조지역인 식물을 추천합니다.

◀ 유칼립투스

최근에는 잘라서 팔거나 드라이 리스로도 인기있는 유칼립투스. 둥그스름한 하트형 잎이 특징. 잎이 부드러우며 흔들흔들 바람에 흔들리는 모습도 인기가 있습니다. 생육이 무척 왕성한 상록고목.

도금양과 유칼립투스속
원산지 : 오스트레일리아

▶ 웨스트링기아

웨스트링기아는 꽃과 잎이 모두 로즈마리와 닮았기 때문에 호주 로즈마리로 부르기도 합니다. 다습한 것을 싫어하므로 물을 너무 많이 주지 말고 가능한 건조한 느낌으로 키우는 것이 포인트.

자소과 웨스트링기아속
원산지 : 오스트레일리아

◀ 코르딜리네

적색과 황색 등의 컬러풀한 잎 색깔이 매력있는 코르딜리네. 추위를 잘 견디므로 베란다 정원에서 기르는데 적합합니다. 잎에 가로나 세로로 줄무늬가 들어간 품종도 있어 이국적인 분위기를 연출할 수 있습니다.

아스파라거스과 코르딜리네속
원산지 : 중국 남부, 오스트레일리아 북부

▶ 올리브

은색을 띤 듯한 잎색은 '올리브 그린'이라고 불립니다. 내추럴한 인테리어와 잘 어울리는 심플한 모습으로 인기. 올리브 열매는 피클을 만들거나 샐러드 등에 이용.

물푸레나무과 올리브속
원산지 : 지중해 동쪽 해안, 북아프리카

관엽식물 / 덩굴성식물 / 양치식물 / 덩이뿌리식물 / 다육식물 / 틸란드시아

LIST _ 02

덩굴성 식물

가장 흔한 아이비부터 스타일리시한 립살리스 등이 인기있는 덩굴성 식물.
높은 곳에 걸거나 천장에 매달아서 장식하는 등 여러 방법으로 활용할 수 있습니다.

◀ 호야 레투사(스파이더 호야)

마치 불꽃놀이처럼 방사상으로 퍼진 가는 잎이 아래로 늘어지는 모습이 특징. 여름에 별 모양의 작은 꽃을 피웁니다. 건조에 강한 식물이므로 물 주는 빈도와 기온에 주의하면 초보자도 쉽게 키울 수 있습니다.

박주가리과 호야속
원산지 : 동남아시아

▶ 립살리스 카스타

원형의 얇고 긴 줄기가 나뉘면서 길게 자라며 성장하면 수 미터까지 됩니다. 부드러운 분위기로 다육식물처럼 보이지만 사실은 선인장의 한 종류. 건조에 무척 강합니다.

선인장과 립살리스속
원산지 : 브라질

◀ 디시디아 버튼
(디시디아 넘물라리아)

잎 2장을 좌우로 전개하면서 바위나 나뭇가지를 타고 기어 올라가는 성질의 다년초. 도톰한 작은 잎이 귀엽고 꽃줄기를 낸 끝부분에 원통형 작은 꽃을 피웁니다. 아래로 가득 늘어진 모습은 강한 인상을 남깁니다.

박주가리과 디시디아속
원산지 : 동남아시아, 오스트레일리아

▶ 에스키난서스 선라이즈
(Aeschynanthus sunrise)

동글동글하게 말린 잎이 개성적. 비교적 내음성이 있어서 그다지 햇빛이 비치지 않는 공간에서도 자랄 수 있습니다. 성장하면 줄기 끝에 빨간 꽃이 핍니다. 약간 건조한 곳에서 기르는 것을 추천.

돌담배과 에스키난서스속
원산지 : 열대아시아

관엽식물 / 덩굴성식물 / 양치식물 / 덩이뿌리식물 / 다육식물 / 틸란드시아

◀ 아이비

일 년 내내 녹색 잎을 달고 더위에도 추위에도 강합니다. 잘 시들지 않고 성장하면서 땅을 기어가듯이 덩굴을 늘리는 것이 특징. 아이비의 다른 이름은 헤데라로, 아이비 화분은 가능한 실외에서 키우는 것을 추천

두릅나무과 송악속
원산지 : 북아프리카, 유럽, 아시아

▶ 슈가바인

손을 편 듯한 진한 녹색 작은 잎이 귀여운 슈가바인. 건조에도 강하고 길게 자란 줄기를 물에 꽂아두면 뿌리가 자랄 정도로 생명력이 강합니다. 밝은 그늘에서 키우는 것이 좋습니다.

포도과 파르테노치수스속
원산지 : 네덜란드

◀ 페페로미아

옆으로 기어가듯이 뻗어가는 줄기와 세로로 세줄 들어 있는 잎맥이 특징. 새로 난 잎은 부드럽고 옅고 연한 초록색이지만 점점 진한 초록색으로 변화합니다. 성장한 잎은 단단한 플라스틱 같은 감촉입니다.

후추과 페페로미아속
원산지 : 열대아메리카

▶ 골든마진 호야

약간 두껍고 폭넓은 잎으로 가장자리에 흰색 띠모양을 하고 있습니다. 매달아주면 덩굴이 아름답게 뻗어나가기 때문에 그린 인테리어 아이템으로 안성맞춤. 반그늘에서도 자라지만 햇빛을 받고 자라면 꽃을 피우기도 합니다.

박주가리과 호야속
원산지 : 열대아메리카

◀ 필로덴드론 옥시카르디움

광택이 있는 하트형 잎사귀가 줄지어 나 있는 덩굴성 식물. 잎사귀는 약간 두텁고 줄기는 둥글며 줄기에서는 기근(땅에 노출되는 뿌리)이 나옵니다. 황록색과 황색의 모양대비가 선명. 내음성이 있어 성장도 빠릅니다.

천남성과 필로덴드론속
원산지 : 멕시코 동부, 서인도제도

LIST _ 03

양치식물

오랜 옛날부터 모습을 바꾸지 않고 살아온 양치식물.
이국적이고 트로피컬한 잎과 줄기모양이 특징입니다. 습도가 높은 환경이 적당합니다.

◀ 용비늘고사리(Angiopteris lygodiifolia rosenst)

따뜻한 지역의 숲 속에서 자라는 식물이기에 약간 그늘인 촉촉한 곳에서 기르는 것이 좋습니다. 키가 그렇게 높이 자라지 않지만 새순이 자라면 옆으로 벌어진 큰 잎이 되므로 폭에 여유가 있는 장소를 확보하세요.

용비늘고사리과 용비늘고사리속
원산지 : 일본 남부, 대만

▶ 나무고사리(Cyathea lepifera)

일본 큐슈 최남단인 야쿠시마 이남에서 자생하는 대형 목생양치식물로 키가 10미터를 넘기도 합니다. 나무고사리는 1억 년 전에 탄생, 살아있는 화석이라고도 불리는 귀중한 식물. 열대지방을 떠오르게 하는 트로피컬한 모습이 인기.

나무고사리과 나무고사리속
원산지 : 일본 아마미아섬 이남의 남서제도, 대만, 동남아시아

◀ 금털강아지고사리 (금모구척/Cibotium barometz)

뿌리줄기가 두껍고 짧으며 갈색 털로 덮여있는 대형 양치식물. 성장하면 2미터 가까이 자라는 잎은 새순일 때는 고비처럼 둥글게 말려져 있습니다. 다습한 환경을 좋아하고 줄기가 건조하면 잎도 시들어버리므로 주의하세요.

구척과 구척속
원산지 : 중국 남부, 대만, 인도, 동남아시아, 일본(류큐제도)

▶ 줄고사리 (Nephrolepis)

잎을 꾸깃꾸깃하게 오므려가면서 길게 자라는 유니크한 모습은 성장하면 날개처럼 우아하게 물결치는 모습으로 변화. 줄기와 잎을 아래로 늘어뜨리는 성질이므로 높은 곳에 두거나 행잉으로 기르면 좋습니다

넉줄고사리과 네프롤레피스속
원산지 : 중미 등 열대, 아열대지역

관엽식물 / 덩굴성식물 / 양치식물 / 덩이뿌리식물 / 다육식물 / 틸란드시아

◀ 블루스타 고사리(phlebodium blue star)

잎자루가 아주 길며 특징적인 실버그린 색 잎은 깊은 패임이 있습니다. 뿌리줄기는 황금색 비늘조각으로 덮혀있습니다. 나무 위에 착생하는 양치식물이지만 비교적 건조에도 강하고 건강한 성질.

고란초과 플레보디움속
원산지 : 열대아메리카

▶ 프테리스 트리컬러

잎은 폭이 넓은 삼각형으로, 어릴 때는 광택이 있는 선명한 적색에서 적자색을 띱니다. 차츰 노랑을 띠면서 구릿빛으로 변하고 마지막은 어두운 녹색으로. 다른 색의 잎이 섞이는 것에서 '트리컬러'라는 이름이 붙었습니다.

고사리과 봉의꼬리속
원산지 : 세계 전역의 열대~아열대

LIST _ 04
덩이뿌리식물

덩이뿌리식물이란 목질화된 두꺼운 뿌리나 줄기를 가진 식물의 총칭.
통통하게 부푼 줄기에 수분을 비축할 수 있는 보기에도 귀여운 식물입니다.

◀ 아데니움 아라비쿰

줄기와 뿌리가 둥글어지면서 병나무 같은 형태로 성장합니다. 봄에서 가을에 걸쳐 빨강, 노랑, 흰색, 자주색 등 종류에 따라서 가지각색의 꽃을 피웁니다. 큰 그루의 경우, 꽃이 핀 다음에는 씨를 채취할 수 있기도 합니다.

협죽도과 아데니움속
원산지 : 남서아프리카, 남아프리카, 소코트라섬, 아라비아반도

▶ 파키포디움 브레비카울레

울퉁불퉁한 덩이줄기에 살짝 잎을 매달고 있는 애교있는 모습이 매력적으로 인기종입니다. 일년 내내, 직사광선이 잘 닿는 장소에서 관리하는 것이 기본.

협죽도과 파키포디움속
원산지 : 마다가스카르

◀ 파키포디움 비스피노숨

병처럼 크게 부푸는 줄기와 엷은 갈색 표피가 특징. 덩이뿌리의 정점에서 가늘고 긴 가지를 내고 작은 잎을 매답니다. 또 성장기에는 분홍빛 아름다운 꽃을 피웁니다. 파키포디움 중에서도 튼튼한 타입.

협죽도과 파키포디움속
원산지 : 남아프리카

LIST _ 05

다 육 식 물

볼록한 귀여운 모습이 인기인 다육식물. 선인장도 그 한 종류입니다. 원종과 교배종을 합하면 2만 종이 넘는다고 합니다. 기본적으로는 실외에서 키우는 것이 베스트인 식물입니다.

유포르비아 화이트고스트

이름 그대로 '흰 유령'을 떠올리게 하는, 아름다운 흰색감과 신비한 형태가 인기. 건조한 환경을 좋아하므로 햇빛이 잘 드는 장소에 인테리어로 장식하고 키우는 것도 간단합니다. 줄기 부분에 날카로운 가시가 있으므로 주의.

대극과 유포르비아속
원산지 : 인도

▶ 세네시오 라디칸스(바나나 체인)

도톰한 잎이 바나나 모양으로 자라면서 목걸이처럼 길게 늘어집니다. 습기에 약하고 흙이 습한 상태가 지속되면 줄기와 덩굴 등이 썩기 쉽습니다. 통풍이 잘 되는 곳에 두세요.

국화과 세네시오속
원산지 : 남아프리카

◀ 아가베 뇌약금

회녹색 칼 모양으로 뾰족하게 자라는 잎이 아름다운, 흔하지 않은 종류. 잎 끝에는 가시가 있으며 가장자리에 엷은 초록을 에워싸듯이 무늬가 있습니다. 내한성. 내서성. 내음성이 있어 관리가 편해 키우기 쉽습니다.

용설란과 아가베속
원산지 : 아메리카 남부, 중미

▶ 부채선인장(백년초)

부채를 닮은 모습의 정통선인장. 줄기는 녹색으로 평평한 부채형태나 원통형이며 표면에는 가시가 있습니다. 물을 너무 많이 주면 시들기 때문에 건조한 느낌으로 키우는 것이 포인트.

선인장과 백년초속
원산지: 남부아메리카

◀ 녹영(콩선인장)

길고 가는 줄기에 동글동글 구슬 같은 귀엽고 둥근 잎을 달고 있는 모습이 인기. 건조에 강하므로 물을 너무 많이 주면 뿌리가 썩을 수 있어 주의가 필요. 꺾꽂이나 물꽂이로 번식시킬 수 있습니다.

국화과 세네시오속
원산지 : 나미비아 남부

관엽식물 / 덩굴성식물 / 양치식물 / 덩이뿌리식물 / 다육식물 / 틸란드시아

▲ 아피니스(고자)

깊이 있는 적자색 잎이 특징인 그랍토베리아는 직사광선이 쬐이고 통풍이 잘되는 곳을 좋아합니다. 햇빛을 많이 쬐면 잎 색깔은 더욱 진해집니다. 15cm 정도의 꽃줄기를 뻗고 진홍색 꽃을 피웁니다.

돌나물과 그랍토베리아속
원산지 : 중미

▲ 릴리시아나

옅은 자주색 잎으로 큰 꽃과 같은 모양입니다. 꽃줄기를 뻗어 작은 은방울꽃 모양의 꽃이 핍니다. 홍엽 시기에는 잎의 분홍색이 더 진해집니다. 물은 15일~한 달에 한번, 흙 표면이 젖을 정도로 OK.

돌나물과 그랍토베리아속
원산지 : 중미

▲ 백모란

두툼한 잎은 투명감이 있는 크림그린색으로 은은한 핑크빛을 띠기도 합니다. 봄에서 가을까지는 실외에서 건강하게 자라고 겨울은 휴면하므로 물을 주지 않습니다. 찜통 같은 상황을 못 견디므로 통풍에 주의가 필요.

돌나물과 그랍토베리아속
원산지 : 중남미~아메리카 북서부

▲ 블랙 프린스

약간 두툼한 잎으로 평소에는 진한 블랙그린색. 홍엽시기에는 선명한 적흑색이 됩니다. 햇빛을 아주 좋아하므로 빛이 잘 들지 않는 곳에서는 잎 색깔도 생기가 없어집니다. 단 고온에 약하므로 반그늘이 베스트.

돌나물과 그랍토베리아속
원산지 : 중미

▲ 세덤 아우스트랄레

도톨도톨 귀여운 잎이 특징으로 다육식물을 모아심기할 때 포인트로 최적. 추워지면 살짝 눈을 맞은 것처럼 하얗게 됩니다. 추위는 잘 견디지만 햇빛은 필수.

돌나물과 세덤속
원산지 : 불명

▲ 황금세덤

노랗고 밝은 잎색이 무척 눈에 잘 띄는 환엽만년초의 황금엽 품종. 초여름에는 별모양을 한 노랑색 꽃이 피는 일도 있습니다. 땅을 타고 퍼지기 때문에 지피식물(Ground cover plant)로 안성맞춤입니다.

돌나물과 세덤속
원산지 : 일본

▲ 화제금

두꺼운 잎은 원래 선명한 붉은빛깔이지만 햇빛을 자주 받고 어느 정도 추워지면 새빨갛게 변합니다. 내한성, 내서성 둘 다 높기 때문에 실외에서 키울 수 있어요. 꽃도 잘 피는 초보자용 반려식물.

돌나물과 크라슐라속
원산지 : 아프리카 남부 ~ 동부

▲ 마그네일

주로 건조지나 고산에 분포하고 대부분이 몇 년 이상 시들지 않고 성장하는 다년초. 도톰하고 귀여운 작은 잎을 가지고 있습니다. 화분일 경우, 아래로 늘어지면서 자라고 가지 끝이 튀어오릅니다. 추운 시기에는 홍엽으로 변하기도 합니다.

돌나물과 크라슐라속
원산지 : 아프리카 남부~동부

▲ 을녀심

색감의 농도가 농후한 을녀심은 더위와 추위에 강하고 일년 내내 잘 자라는 것이 특징. 여름철에는 단수를 꼭 기억하는 것이 포인트. 바나나형 잎은 홍엽기에는 전체적으로 와인처럼 붉게 물들어요.

돌나물과 세덤속
원산지 : 세계 전역

▲ 고양이 발톱

잎 끝에 있는 빨갛게 물든 돌기와 가늘고 긴 잎이 마치 아기고양이의 발톱 같은 모양이어서 이런 이름이 붙었다고 합니다. 솜털이 있으며 볼록한 실루엣이 귀여워요. 한여름과 겨울엔 물을 적게 주세요.

돌나물과 코치레돈속
원산지 : 남아프리카

▲ 하월시아 코렉타금

잎 끝이 반투명하고 잎표면의 모양이 가운데가 오목하거나 Y자 등 복잡한 형태를 하고 있습니다. 하월시아는 건조한 언덕의 낮은 나무나 바위틈 등, 잘 보이지 않는 곳에서 자라기 때문에 강한 빛에는 주의가 필요합니다.

알로에과 하월시아속
원산지 : 아프리카 남부

▲ 크라슐라 두비아

폭신한 질감에 커다란, 마치 조개처럼 나란히 2개의 잎이 엇갈리며 번갈아서 자라납니다. 여름의 더위, 습기에 주의가 필요. 햇빛이 부족하면 잎이 누워 벌어진 상태가 됩니다.

돌나물과 크라슐라속
원산지 : 아프리카 남서부

▲ 제옥(Pleiospilos nelii)

돌처럼 보이지만 고도로 진화한 다육 잎을 1~4쌍 가지고 있습니다. 건강한 잎 색깔은 약간 붉은빛과 회색에 투명감이 있는 갈색반점이 있습니다. 다육 잎이 쫙 갈라지면서 새로운 잎이 나오는 모습이 독특합니다.

번행초과 프레이오스필로스속
원산지 : 남아프리카

▲ 셈페르비붐 문드롭스(Sempervivum moondrops)

추위에 강해서 실외에서 겨울을 지낼 수 있는 셈페르비붐은 유럽의 산악지대가 원산지. 추울 때는 새빨강 홍엽으로 변해서 아름답지만 따뜻해지면 원래 잎색으로 돌아옵니다. 양지~반그늘에서 관리하세요.

돌나물과 셈페르비붐속
원산지 : 유럽 중남부

▲ 신월(Senecio scaposus)

마치 인겐콩 같은 가늘고 긴 초록색 잎에 말랑말랑한 흰색 막을 걸치고 있습니다. 여름의 더위와 습기, 과온에 주의가 필요하며 통풍이 잘 되는 곳에서 관리하세요. 만지면 색이 벗겨지기 쉬우므로 주의.

국화과 세네시오속
원산지: 멕시코, 아프리카, 인도

▲ 이너미스(Euphorbia inermis)

이너미스는 '가시가 없다'라는 의미로 가시가 없는 줄기를 한곳에서 사방팔방으로 뻗어나갑니다. 표면에는 요철무늬가 있으며 단단한 질감. 튼튼하고 팔뚝처럼 예쁜 모양으로 뻗어나갑니다.

대극과 에우프로니아속
원산지 : 남아프리카

LIST _ 06

틸란드시아

공기 중에 있는 수분을 흡수해서 성장하기 때문에 흙과 비료가 필요 없어 키우기 쉽습니다.
종류가 풍부하고 성장속도도 다르므로 여러 가지로 시도해보고 마음에 드는 것을 찾으세요.

A. 수염 틸란드시아

잎과 줄기가 아래쪽을 향해서 자라나는 독특한 형태의 인기종. 틸란드시아 중에서도 수염틸란드시아는 성장이 빠른 편입니다. 건조에 약하기 때문에 에어컨 바람 등이 닿지 않도록 주의하고 물주기도 부지런히.

파인애플과 틸란드시아속
원산지 : 아메리카 중서부~남미

B. 틸란드시아 스트라미네아

대형으로 잎의 길이가 25cm를 넘는 경우도 있는 묵직한 백엽종. 두텁고 굵은 잎이 성장하면서 아래로 늘어지는 모습은 마치 대왕오징어 같아요. 튼튼한 성질이므로 대형종 그린 인테리어 입문자에게 추천.

파인애플과 틸란드시아속
원산지 : 아메리카 중서부~남미

C. 틸란드시아 폴리아나

밝은 실버로 잎은 부드럽고 조금 두툼하며 탄탄합니다. 깨끗하게 잎을 전개하며 성장하는 아름다운 모습이 매력. 빛이 너무 강하면 실버가 강해지고 조금 차분한 황색이 되므로 빛에 적당하게.

파인애플과 틸란드시아속
원산지 : 아메리카 중서부~남미

D. 틸란드시아 세로그라피카

은백색 잎이 구형으로 자라는 백엽종으로 아주 인기있어요. 성장 속도가 느리지만 최대 지름 40cm까지 자라고, 폭이 넓고 긴 잎은 존재감이 큽니다. 건강해서 키우는 법이 간단하므로 초보자에게도 추천.

파인애플과 틸란드시아속
원산지 : 아메리카 중서부~남미

A. 틸란드시아 이오난사

구하기 쉽고 초보자라도 키우기 쉬운 소형 틸란드시아의 대표 종. 산지에 따라서 모양과 색이 다르고 종류도 풍부하므로 여러 가지를 모아보는 것도 재미있습니다. 이오난사는 꽃도 아름다운 것이 특징.

파인애플과 틸란드시아속
원산지 : 아메리카 중서부~남미

B. 틸란드시아 푼키아나

폭신하고 가는 부드러운 잎을 가진 은엽종으로 부드러운 느낌으로 인기. 성장하면 가는 잎을 펼쳐나가면서 하늘을 향해서 줄기가 자라기 때문에 매달아서 장식하는 것을 추천. 자라난 줄기 끝에 빨갛고 아름다운 꽃이 달려요.

파인애플과 틸란드시아속
원산지 : 아메리카 중서부~남미

C. 틸란드시아 캇 풋 메두사

그리스신화에 나오는 메두사의 머리 모양처럼 구불구불한 모습이 특징. 포기 아랫부분이 볼록한 항아리형인 것과 물결치는 듯한 잎이 인상적. 틸란드시아 중에서도 키우는 것이 간단하고 새끼그루도 잘 생깁니다.

파인애플과 틸란드시아속
원산지 : 아메리카 중서부~남미

관엽식물 / 덩굴성식물 / 양치식물 / 덩이뿌리식물 / 다육식물 / 틸란드시아

D. 틸란드시아 애란토스

튼튼해서 키우기 쉽고 꽃도 잘 피우는 은엽종. 성장 스피드가 빠르고 새끼그루가 잘 생겨서 포기나누기로 간단하게 늘릴 수 있어요. 두터운 은빛잎은 테라리움 등에 장식하면 멋스럽게 보여요.

파인애플과 틸란드시아속
원산지 : 아메리카 중서부~남미

E. 틸란드시아 스트렙토카파

잎 표면의 흰색 비늘(트리콤trichome)로 안개 속의 수분이나 양분을 흡수하는 백엽종. 마치 문어같이 유니크한 곡선을 그리는 모습이 매력. 향이 좋은 자주색 꽃이 핍니다. 밝고 통풍이 잘되는 곳에서 관리를.

파인애플과 틸란드시아속
원산지 : 아메리카 중서부~남미

F. 틸란드시아 텍토름

긴 솜털로 덮여진 가는 잎이 아름다우며 성장하면 지름 50cm, 높이 70cm 정도까지 크는 다이나믹한 종류. 수분을 머금고 있는 솜털이 많아서 비교적 잘 자리지만 수분이 너무 많으면 솜털이 퇴화되기 때문에 주의.

파인애플과 틸란드시아속
원산지 : 아메리카 중서부~남미

Column 2

이끼를 즐기는 환상적인 방법 '모스라이트'

인스타그램에서 화제! 이끼와 LED조명이 융합된 'Mosslihgt-LED'.

| Name | Mosslight-LED 씨 | Instagram ID | @mosslight1955 |

인스타그램 팔로워 수 4만 명 이상(2017년 8월 현재), 세계가 주목하는 Mosslihgt-LED 씨의 Mosslihgt-LED. 집안 분위기와 장소, 장식법에 구애받지 않는 범용성이 높은 테라리움입니다.

'Mosslihgt-LED'란 직접 만든 LED 조명이 달린 테라리움에서 이끼와 분재를 키우는 것. 하루에 약 8시간 켜놓고 주 1~2회 분무기로 물을 뿌려서 관리

스탠드라이트 등 조명기구로 즐긴다

이벤트로 Mosslihgt-LED를 전시하였는데 반응이 좋아서 이끼에 대해서 공부하게 되었습니다. 군생지의 빛, 습도, 착생장소 등을 조사하면서 시행착오를 거쳐 Mosslihgt-LED 속에 재현했어요. 가장 아름다운 빛으로 이끼를 볼 수 있고 밝기도 조절해서 스탠드라이트로 즐길 수 있게 심혈을 기울였습니다.

가는흰털이끼×참느릅나무 Mosslihgt-LED입니다. 햇빛이 들지 않는 방에서도 LED 조명만 있으면 건강하게 자랍니다. 물주기는 분무기로 유리 용기 속만 뿌려주면 되므로 관리도 편해요.

Mosslight-LED는 펜던트 라이트로 활용할 수 있습니다. 방 중앙에 매달아 조명으로 즐기고 있습니다. 여기에서는 가는흰털이끼와 남천나무 분재를 키우고 있어요.

가는흰털이끼와 참느릅나무 분재가 들어있는 Mosslight-LED로 일본 다다미방이 멋스러운 공간으로 변신. 햇빛을 신경 쓸 필요 없이 집 안 어디든 놓고 싶은 곳에 두고 식물을 즐길 수 있습니다.

펜모스와 단풍나무 Mosslight-LED는 아쿠아테라리움과 함께 감상할 수 있어서 마음이 더욱 편안해집니다. 모두 조명이 달려있는 테라리움이라 통일감이 있습니다

Green Interior Lesson

Part

03

초보자도 쉽게 도전할 수 있어 인기!

무인양품 그린 인테리어

SHOP DATA
무인양품 유라쿠쵸

세계 최대의 매장 면적으로 무인양품 점포 중에서 가장 많은 상품을 자랑하는 유라쿠쵸 점. 이곳에서만 구입할 수 있는 식물 아이템도 아주 많다. 도쿄도 치요다 구 마루노우치 3-8-3 인포스 유라쿠쵸 1~3F 영업시간/ 10:00~21:00 부정기 휴무

기르는 난이도 & 집안 환경을 고려!
우리 집에 잘 어울리는 MUJI GREEN 아이템은?

무인양품의 식물은 실내 화초 입문자에게 딱 좋습니다.
간단한 관리로도 쉽게 키울 수 있는 것이 많기 때문이지요.
또 종류가 다양해 취향대로 고를 수 있는 것도 매력적.
어떤 식물을 골라야할지 망설이고 있다면
아래의 체크리스트를 참고해보세요.

▶ 벽걸이 형
- ☑ 물 주는 횟수는 적은 편
- ☑ 부드러운 간접광이 비치는 방
- ☑ 화분 둘 자리가 없을 경우

▶ 바닥에 놓는 형
- ☑ 물을 듬뿍 주는 것이 필요
- ☑ 부드러운 간접광이 비치는 방
- ☑ 존재감이 있는 큰 사이즈

▶ 탁상형
- ☑ 물 주는 횟수는 기본적으로 많은 편
- ☑ 간접광~반그늘이 좋다◎
- ☑ 이동하기 쉬운 소~중 사이즈

▶ 틸란드시아
- ☑ 물 주기는 저녁~밤시간대가 좋다◎
- ☑ 통풍이 중요
- ☑ 놓아두기만 해도 멋스러움

▶ 다육식물
- ☑ 물 주는 횟수는 약간 적은 편
- ☑ 햇빛이 충분히 들어오는 방
- ☑ 귀차니스트도 키울 수 있다

※ P105~109에서 소개한 식물과 상품은 우리나라 무인양품에 상시 입하되는 것은 아닙니다. 입하상황은 점포에 따라 다르므로 각 지점에 문의하세요. 현재 (2018년 5월) 서울 신촌점에서 그린 아이템을 가장 많이 취급합니다. 또한 P111~117에서 소개한 것은 모두 개인소장물입니다. 현재 구입할 수 없는 것도 포함되어 있어요.

어떤 장소든
간단하게 장식할 수 있는
콤팩트함이 매력

탁상형

식물이 크지 않기 때문에 여러 곳에 장식할 수 있어요. 화분이나 용기가 작은 만큼 물은 자주 주어야 해요. 요즘은 저면관수화분에 담긴 식물이 인기. 두 개의 화분이 있어 아래쪽에 물을 보관하며 뿌리가 필요한 만큼 물을 빨아올릴 수 있는 시스템으로, 물의 양을 체크하여 물이 줄어들었을 때만 보충하면 됩니다. 식물의 종류에 따라 다르지만 간접광이나 반그늘에서 기르는 것을 추천합니다. 화분 받침을 쓸 필요가 없어서 화분을 두는 선반이나 바닥이 더러워질 염려가 적은 것도 장점. 스타일리시한 화분은 어느 방에든 잘 매치됩니다.

――― 인기있는 탁상형 화분 ―――

인삼벤자민
휘카스(뽕나무과 상록수)에 속하는 고무나무의 한 종류로 행복을 부르는 나무라고도 불린다. 오래 키우면 크고 멋지게 자란다.

슈가바인
손바닥처럼 퍼져나가는 선명한 초록색 잎과 아래로 뻗어 내려가는 덩굴이 특징. 뻗어 내려가기 시작하면 높은 곳에서 늘어뜨리는 것도 좋다.

페페로미아
연두빛 다육질의 작고 둥근 잎이 특징. 옆으로 타고 뻗어나가듯이 성장하고 길어지면 무거워져서 아래로 늘어진다.

※모두 직사광선을 피한 밝은 장소~반그늘에 두고 저면관수화분의 물이 줄어들면 물을 준다.

큰 존재감.
우리집 인상을 결정하는
상징나무로

바닥에 놓는 형

큼지막한 사이즈로 존재감이 있어서 그린 인테리어의 주인공이 됩니다. 화분이 큰 만큼 흙에 수분을 저장해둘 수 있어 물은 그렇게 자주 주지 않아도 괜찮아요. 1~2주에 한 번 정도로, 매일 매일의 관리는 사실 그렇게 힘들지 않습니다. 레이스 커튼을 통해 들어오는 햇살 정도의 밝기라면 놓아두세요. 금방 산 화분을 거실에 두는 것만으로 충분히 멋있어 집안 분위기를 즉시 변화시키고 싶은 분에게 추천.

―― 인기있는 바닥에 놓는 화분 ――

물푸레나무
물푸레나무과의 반상록수로 작고 시원스러운 잎과 부드러운 가지의 분위기가 특징. 관엽식물로나 정원수로 폭넓게 사랑받고 있다.

휘카스 움베르타
휘카스(뽕나무과 상록수)에 속한 고무나무의 한종류. 잎이 연해서 부드러운 인상을 준다. 한번 잎이 떨어진 다음, 환경에 맞게 자라는 식물.

몬스테라
천남성과에 속하는 상록식물. 잎에 생기는 독특한 베인 자국이 특징. 베인 자국은 잎의 성장에 의한 것으로 모든 잎이 그런 것은 아니다.

※모두 직사광선을 피한 밝은 곳에 두고, 흙의 표면이 마르기 시작하면 화분 바닥으로 흘러나올 정도로 물을 듬뿍 준다.

그림을
걸어놓은 것 같은
멋스러움.
인테리어에
포인트를 주는

벽걸이형

화분을 둘 자리가 없어 고민이라면 벽걸이형을 추천합니다. 현관이나 복도처럼 좁은 곳에도 부속 핀을 사용하여 벽에 식물을 장식할 수 있습니다. 화분 여러 개를 나란히 걸어도 좋고 마음에 드는 그림이나 사진과 함께 배치해도 좋아요. 스펀지에 식물을 심어 흙 화분에 비해서 깔끔하게 관리할 수 있어요. 레이스커튼 너머로 들어오는 정도의 부드러운 간접광이 비치는 곳에 걸어놓고 물을 줄 때는 물주전자 등을 이용, 프레임에 있는 급수구를 통해 넣어줍니다. 수도꼭지를 통해 직접 흘려 넣는 것도 OK.

──────── 인 기 벽 걸 이 형 화 분 ────────

벽에 걸 수 있는 관엽식물 반투명C

식물은 무늬홍콩야자, 아이비, 무늬옥시카르디움. 급수구가 앞면에 있어서 상하좌우로 장식하기 쉽다.

벽에 걸 수 있는 관엽식물 16 × 16 D

식물은 마블 스킨답서스, 호야 카르노사, 무늬푸미라. 프레임에 물 양을 확인할 수 있는 창이 있어서 물 주기 쉽다.

유니크한 모습이 사랑스럽고 한군데 모아서 장식하고 싶은

다육식물·틸란드시아

독특한 모양과 이름이 재미있는 다육식물. 잎과 줄기에 물을 저장할 수 있어 물은 가끔만 줘도 OK. 햇빛이 잘 드는 곳을 좋아합니다. 틸란드시아는 흙이 없어도 키울 수 있어요. 그래서 원하는 곳 어디든 올려놓거나 매다는 등, 다른 식물로는 시도할 수 없는 방법으로 장식할 수 있습니다. 물을 안 줘도 된다고 착각하기 쉽지만 일주일에 3번 정도 스프레이로 물을 뿌려주고 한 달에 한번은 5시간 정도 물에 담가두는 관리가 필요해요.

--- 인 기 다 육 식 물 · 틸 란 드 시 아 ---

틸란드시아 3개 세트

왼쪽 : 이오난사 가운데: 카풋 메두사 오른쪽: 브락치 카울로스 잎 색깔이 흰빛을 띄는 것이 인기. 여러 개를 모아 놓는 것이 더욱 멋스럽다.

틸란드시아 카피타타

비나 공기 중의 수분을 잎이 흡수하며 자란다. 어렴풋하게 엷은 오렌지색을 띤 은록색 잎이 특징으로 꽃이 필 때는 더욱 붉은 빛을 띤다.

다육식물

모아 심기한 다육식물. 식탁이나 책상에도 장식하기 쉬운 크기. 물 주기는 월 2회 정도. 통풍이 잘 되고 햇빛이 잘 드는 창가에 두는 것이 좋아요.

세련된 스타일로 인테리어에도 good!
MUJI 가드닝 아이템

무인양품의 인기 가드닝 도구를 소개합니다.
심플하고 멋스러우면서 사용하기에도 편리.

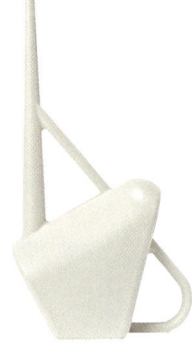

스프레이 보틀
물을 뿌려서 잎사귀의 먼지를 닦고 깨끗하게 관리하면 화초가 더욱 생생해집니다. 특히 틸란드시아에 물을 줄 때 필수 아이템.

노즐 보틀
작은 화분이나 선인장에 물을 줄 때 추천 아이템. 물이 나오는 양을 조절할 수 있어 뿌리 부분에 정확하게 뿌릴 수 있어요.

세워지는 물뿌리개
세워둘 수 있는 물뿌리개. 베란다 등의 좁은 장소에서 콤팩트하게 수납 가능. 세워놓으니 입구로 이물질이 들어가지 않는 것도 좋은 점.

스테인리스 물주전자
녹이 슬지 않는 스테인리스 제품. 물이 나오는 곳이 좁아서 작은 화분에 물을 줄 때 편리. 놓아두는 것만으로 멋스럽게 보이는 것도 장점.

함석양동이
의외로 가드닝 아이템으로 대활약. 작은 화분을 여기에 넣고 물을 주면 마룻바닥이 젖을 염려가 없어요. 물을 채워 틸란드시아를 담가두거나 가드닝 도구를 청소할 때도 ok.

인기 인스타그래머의
MUJI GREEN이 있는 생활

무인양품의 식물 아이템으로 멋지게 집안을 꾸민 인스타그래머들.
그린 인테리어에서 가장 신경쓰는 부분과
가장 좋아하는 스타일 포인트를 배워봅니다.
작은 테크닉도 놓치지 마세요.

Name / abe 씨 Instagram ID / @h.kuwabe

무인양품의 벽걸이 식물을 4개 모아서 장식했습니다. 아이들이 아직 어려 우리 집에서는 벽에 걸 수 있는 화분은 정말 고마운 아이템입니다. 식물은 홍콩야자, 아이비, 스킨답서스, 페페로미아 등. 물을 줄 때는 통째로 싱크대로 가져가서 뿌려주기 때문에 아주 편하고 관리도 쉬운 것 같습니다. 비교적 내음성이 있으므로 창에서 떨어진 곳에서도 아주 건강하게 자라고 있습니다. 성장하면서 잎이 점점 멋지게 자랍니다.

Name / **mujikko 씨**　　　Instagram ID / **@mujikko_rie**

무인양품 철제 집게를 활용해 말린 유칼립투스를 걸어두었다. 옆에는 직접 짠 마크라메. 모두 인테리어 포인트가 된다.

무인양품의 세토야키 산 도자기화분 시리즈인 다육식물(청기린). 이것을 무인양품 벽걸이 선반에 디스플레이했다. 도자기 화분시리즈는 심플해서 어디든 잘 어울린다.

무인양품의 식물은 종류가 풍부해서 뭘 살까 늘 고민이 됩니다. 일본식 방이든 서양식 방이든 어디에나 어울리고 인테리어를 돋보이게 하는 역할을 하기 때문에 마음에 쏙 들어요. 저면관수식인 아쿠아포트는 화분받침이 필요 없어 실내에서 편하게 사용할 수 있다는 점이 참 좋습니다. 동그스름한 모양이 귀여운데다가 심플해서 방과도 잘 어우러지지요. 식물을 장식하는 방법 중에서 제가 좋아하는 것은 틸란드시아와 원목 플레이트와의 조합. 서로 잘 어우러져 인테리어 효과도 만점.

몇 년 전에 산 아쿠아포트. 처음에는 로즈마리를 키우다가 시들어서 지금은 화분을 재활용해서 즐기고 있다.

작은 틸란드시아를 어떻게든 눈에 띄게 장식하고 싶어서 무인양품의 칫솔 스탠드에 넣었다. 사이즈도 안성맞춤이고 투명과 반투명타입이 있어서 햇빛이 비치면 반짝반짝 참 예쁘다.

Green Interior Lesson Part 03 ››› 113

인기 인스타그래머의
MUJI GREEN이
있는 생활

무인양품의 와이어 바스켓에 작은 화분들을 모았다. 쓱 들고 가서 물을 줄 수 있다.
뒤쪽에 보이는 스타일리시한 물뿌리개도 무인양품 제품.

무인양품 나무 트레이에 틸란드시아 이노난사를. 뭔가 그림처럼 귀엽다. 옆에 있는 아로마 디퓨저의 미세한 미스트가 틸란드시아에 딱 알맞은 수분을 공급해준다.

무인양품의 오랜 인기상품인 화이트 칫솔스탠드에 카 풋 메두사를 올려두었다. 다소곳한 모습이 귀여워서 마음에 쏙 든다.

| Name | / 오오키 키요미 씨 | Instagram ID | / @wagamichilife |

거실에는 커피나무와 폴리시아스, 인삼벤자민이 있다. 화이트와 무채색 인테리어에 포인트 컬러로 식물을 활용하는 것을 좋아한다. 보기만 해도 기운이 나고 집안 공기도 싱싱하게 느껴진다.

무인양품의 캠핑용 알루미늄 머그에 바질과 파슬리 등을 심어서 주방정원으로. 요리할 때 사용하기도 하는데 직접 키운 무농약 허브라 안심. 매트한 실버와 초록이 잘 어울린다.

무인양품의 식물 중에는 키우기 시작한 지 10년이 되는 것도 있습니다. 인삼벤자민은 성장이 빨라 여름이 되면 줄기가 길어지는데 대담하게 잘라 너무 커지지 않도록 수형을 관리합니다. 오랫동안 기르는 커피나무는 몇 년 전부터 꽃이 피고 열매까지 열립니다. 폴리시아스도 여러 차례 분갈이를 하면서 키우고 있고요. 무인양품의 식물들은 관리가 쉬우면서도 무척 튼튼하게 잘 자라서 초보자에게 추천. 인터넷 한정상품도 늘 체크합니다.

휘카스 움베르타와 분무기. 잎이 크기 때문에 스프레이로 물을 뿌린 다음 깨끗하게 닦아준다. 분무기는 딱 떨어진 사각형 모양과 사용하기 쉬운 트리거 부분이 마음에 든다.

인기 인스타그래머의
MUJI GREEN이
있는 생활

| Name | / 미쯔오 씨 | Instagram ID | / @wmitsuo |

식물을 보고 만지는 것으로 릴렉스 효과를 느끼고 있습니다. 신경 쓰고 돌보는 만큼 식물의 성장을 지켜볼 수 있어 정말 즐겁습니다. 벽걸이 화분이 조금은 쓸쓸하게 보여서 홍콩야자, 아스플레니움, 필로덴드론 옥시카르디움, 스킨답서스를 추가하고 식물 개더링 숍*을 운영하는 아내에게 부탁, 호야까지 더하여 볼륨업하였습니다. 이것을 여러 개 조합하여 집안 벽면 전체를 초록으로 만들고 싶습니다.

* 식물 개더링 숍 사무실이나 병원 등에 식물을 임대하고 관리하는 숍.

| Name | / 나베미 씨 | Instagram ID | / @nabemi.sun |

호야, 스킨답서스, 휘카스가 들어 있는 벽걸이화분을 DIY로 만든 펠트 화분커버에 넣어서 장식했어요. 오전에는 햇빛을 듬뿍 받게 하고 오후에는 식탁으로 이동. 벽걸이 화분이지만 우리 집에서는 거의 벽에 걸지 않고 바닥에 두고 즐기고 있습니다. 테이블에 둬도 아이가 넘어뜨릴 염려가 없어 좋습니다. 가끔 인테리어를 바꿀 때는 무인양품의 벽걸이 선반에 세워두는데 용기가 듬직하고 안정적이라 안심입니다.

Name / mayu 씨   Instagram ID / @mayuru.home

우리집에는 커다란 휘카스 움베르타가 있습니다. 또 거실에서 이어지는 우드데크 위에도 꽃과 식물이 많이 있어요. 여름철에는 매일 물을 듬뿍 주기 때문에 무인양품의 세워지는 물뿌리개가 대활약. 4L 정도 들어가므로 한번에 모든 식물에 물을 줄 수 있어요. 물뿌리개를 세워둘 수 있어서 자리를 차지하지 않는 것도 장점. 거실에 두어도 거슬리지 않아서 정말 마음에 들어요.

Name / 사카이 씨

Instagram ID / @skmkt616

무인양품의 노즐 보틀로 물을 줍니다. 튀지 않는 디자인이라서 식물 옆에 그냥 놓아두고 써요. 벽걸이화분에 아스파라거스, 페페로미아, 푸미라, 보스톤고사리를 심었는데 그린 인테리어에 대한 저만의 고집이 있습니다. 전체 공간에 잘 녹아들 수 있도록 벽면 여백에 식물과 공간의 밸런스를 맞추는 것입니다.

인기 인스타그래머의
MUJI GREEN이
있는 생활

| Name | / | kao. 씨 | Instagram ID | / | @kao_kurashi |

무인양품

무인양품 아쿠아포트에 심은 이자벨라 페페로미아는 반려식물 초보자에게도 추천합니다. 아쿠아포트는 저면관수식으로 물 주는 것이 쉬워서 초보자도 쉽게 기를 수 있습니다. 우리 집에서는 세탁실에 놓고 산뜻한 기분을 즐기고 있습니다. 좁은 공간이므로 일부러 작은 사이즈를 골랐어요. 어느 곳이든 좋아하는 식물이 보이면 기분 좋게 집안 일을 할 수 있습니다. 작은 사이즈는 이동이 편하기 때문에 즐기는 방법도 2배, 3배로 늘어납니다.

| Name | / | KIHARA 씨 |
| Instagram ID | / | @cconoo |

페페로미아 글라벨라, 홍콩야자, 줄리아페페, 필로덴드론 옥시카르디움이 심겨져 있는 벽걸이 화분을 애용. 처음 샀을 때와 비교하면 많이 자라서 상쾌한 느낌이 듭니다. 여름에는 초록빛이 더욱 진해져요. 기본적으로는 현관의 인테리어 포인트로 장식하고 있지만 겨울철에는 햇빛이 닿지 않으므로 거실로 옮겨놓습니다. 흰색이 기조인 우리 집 인테리어와 아주 매치가 잘 됩니다. 또 무인양품의 온습도계는 식물을 관리하는데 빼놓을 수 없는 아이템입니다.

무인양품

무인양품

Column 3

인기 숍 '이나자우루스야'의 인조 식물

잡화처럼 다양하게 즐길 수 있는 이나자우루스야의 인조 식물.
그 매력을 전격 해부!

**꾸미는 방법은 무한대
진짜 같은 인조 식물**

'이나자우루스야'의 인조 식물은 진짜 같으면서 인테리어 소품으로도 활용하기 좋아 인스타그래머들 사이에서 인기가 많습니다. 그래서 인조 식물의 매력과 세련된 장식 방법에 대해서 물었습니다. "인조 식물은 물을 줄 필요가 없습니다. 또 햇빛과 통풍을 신경쓰지 않고 생활 소품처럼 편하게 즐길 수 있는 것이 매력입니다. 어디에든 매달 수 있고 원하는 형태로 자를 수 있기 때문에 꾸미는 방법도 무한대입니다. 장식할 때 '뿌리 부분을 확실하게 감출 것'과 '철사심이 들어있는 부분은 벌리거나 풀어서 자연스럽게 형태를 정돈할 것'에 주의하면 더욱 진짜 식물 같은 느낌으로 즐길 수 있습니다. 살아있는 식물과 섞어서 장식하는 것도 추천해요"

이나자우루스야

Instagram ID / **@inazaurusu_ya**

인조 식물 전문 온라인 셀렉트숍.
인스타그램에 다수 등장하며 팔로워는 약 2만 4000명(2017년 8월 현재)
전국적으로 이벤트를 개최 중이며 나날이 더 인기를 얻고 있다.
www.kusakabegreen.com

1	2	3
4	5	6

7	8	9
10	11	12

1 존재감이 뛰어난 박쥐란. 처음 만든 오리지널상품 2 나팔형 잎사귀가 폭신폭신. 매트한 질감이 좋습니다. 3 흔들흔들 틸란드시아. 이끼부분이 진짜 같아요. 4 아디안텀. 도톨도톨한 잎사귀가 인기. 5 드라이 수염틸란드시아. 아주 잘 말랐어요. 6 올록볼록 하늘하늘한 다육식물. 작은 알맹이 같은 잎들이 흔들려서 귀여워요. 7 손바닥선인장. 8 줄고사리. 심형을 기울인 명품. 9 긴 가지가 꽈배기처럼 꼬여있어요. 세워도 늘어뜨려도 OK. 10 수염틸란드시아. 표면의 소재가 살아있는 것 같습니다. 11 양치식물 믹스. 펼쳐놓으면 풍성해보입니다. 12 세로그라피카. 인조식물이라는 생각이 안들 정도로 진짜 같아요.

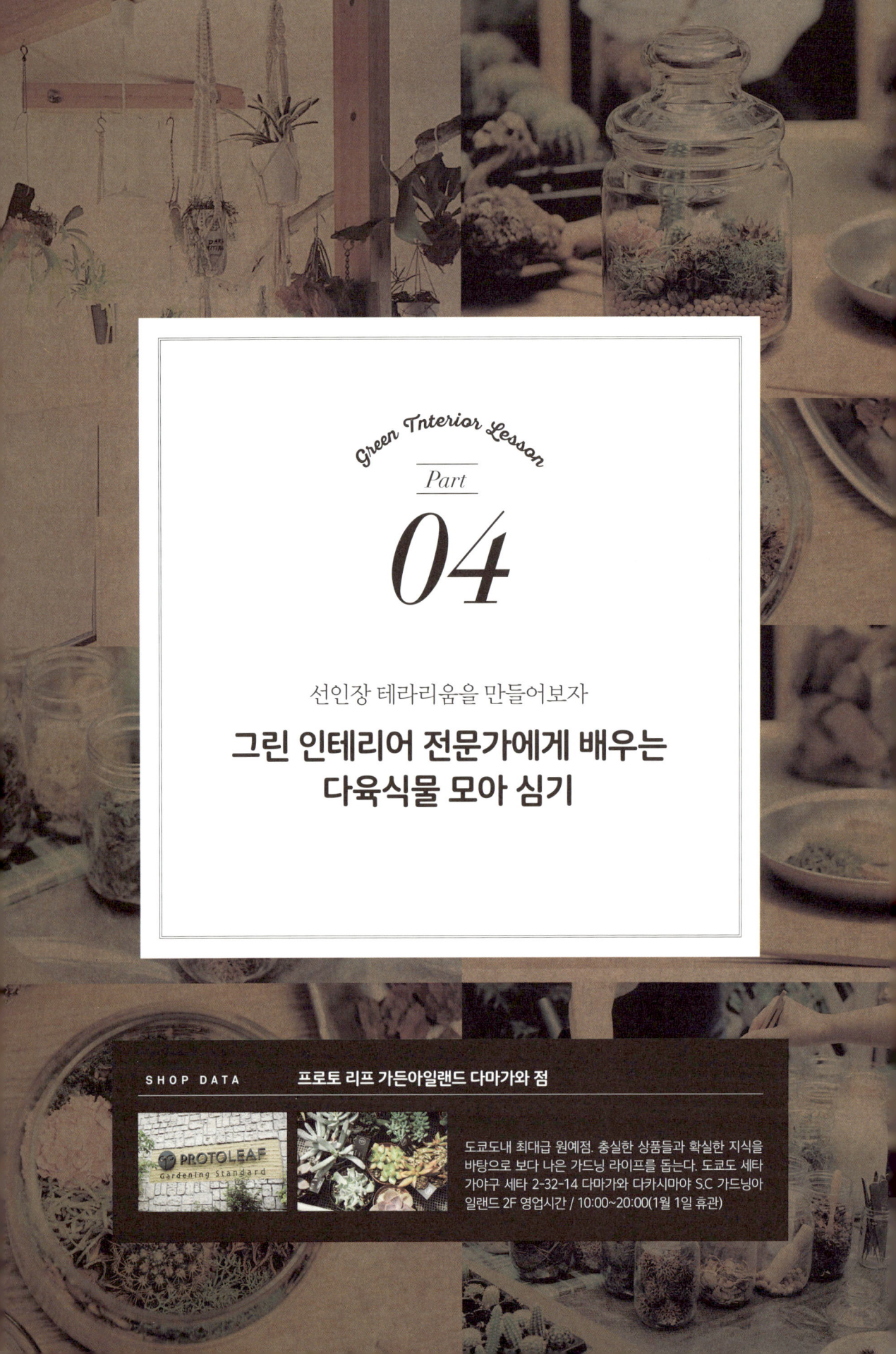

Green Interior Lesson

Part

04

선인장 테라리움을 만들어보자

그린 인테리어 전문가에게 배우는 다육식물 모아 심기

SHOP DATA　프로토 리프 가든아일랜드 다마가와 점

도쿄도내 최대급 원예점. 충실한 상품들과 확실한 지식을 바탕으로 보다 나은 가드닝 라이프를 돕는다. 도쿄도 세타가야구 세타 2-32-14 다마가와 다카시마야 S.C 가드닝아일랜드 2F 영업시간 / 10:00~20:00(1월 1일 휴관)

그린 인테리어 초보자에게 추천!
선인장 테라리움

선인장 테라리움에 도전해 봅니다. 유리병 같은 투명한 용기 속에 여러 가지 선인장을 재배하는 선인장 테라리움은 그린 인테리어에 빠질 수 없는 아이템이죠. 다양한 다육식물이 모여있어 귀여울 뿐 아니라 건조에 강해서 관리도 간단합니다.

☐ **필요한 도구**

투명한 유리병, 평평한 접시 2개, 나무젓가락, 가위. 선인장이나 장식물을 배치하는 섬세한 작업에는 핀셋보다 젓가락이 좋다.

☐ **필요한 선인장·장식물·흙**

흙으로 사용하는 것은 하이드로볼이라 불리는 진흙을 구워낸 발포연석이다. 손이 더러워지거나 벌레가 꼬일 염려가 없어 집안에 들여놔도 안심. 선인장은 10종류 이상, 장식물은 20종 정도 시기에 따라서 바뀐다.

Start

1. 흙 대신 하이드로볼을 넣는다

토대가 되는 하이드로볼을 스쿱으로 퍼서 유리병 약 1cm정도 높이까지 빈틈없이 깔아준다.

2. 원하는 선인장을 고른다

높이가 있는 선인장을 하나 고르면 밸런스가 잘 맞는다. 선인장의 종류는 시기에 따라 다르다.

3. 선인장의 흙을 털고 뿌리를 자른다

조심스럽게 잡고 흙을 어느 정도 제거한다. 너무 긴 뿌리는 가위를 이용하여 1cm 정도로 짧게 자른다.

| 4 | **선인장을 유리병에 넣는다**
원하는 위치에 선인장을 배치한다. 너무 고심하지 말고 마음가는대로 해볼 것을 추천.

| 5 | **장식물을 고른다**
소나무칩, 프리저브드 모스(이끼), 드라이플라워 등에서 고를 수 있다.

6 원하는 스타일로 장식물을 배치한다

젓가락을 사용하면 원하는 대로 세부적인 부분까지 섬세한 작업이 가능하다. 토대를 높이고 싶다면 이때 보충하면 된다.

7 나만의 테라리움 완성!

세상에 오직 하나뿐인, 내가 만든 반려식물이라 더욱 애정이 간다. 키우는 기쁨도 두 배다.

Finish

• Check •

Instagram을 위한 테크닉

뚜껑을 열고 바로 위에서 찍거나 뚜껑을 덮고 바로 옆에서 찍는 것을 추천.

테라리움 관리법

기본적으로는 큰 관리가 필요 없는 선인장 테라리움. 3가지만 지켜주세요.

일광
선인장은 햇빛을 아주 좋아합니다. 커튼 너머 등, 간접광으로 빛을 쬐도록 하면 잘 자랍니다.

물 주기
뿌리를 중심으로 말랐으면 (3주에 한 번 정도) 물을 줍니다. 물이 마를 때까지 뚜껑을 덮지 않는 것이 포인트.

놓는 장소
습도가 높으면 뿌리가 썩는 원인이 됩니다. 습도가 적은 장소를 추천.

\ 초보라도 걱정없다! /

WORK SHOP Q & A

전문 원예점 스태프에게 궁금한 점을 물었습니다.

Q 원예점에서 워크숍을 시작한 이유는?

식물을 처음 기르는 분들이 워크숍을 통해 '식물이 있는 생활'에 도전하는 계기를 만들면 좋겠다는 생각으로 시작하였습니다. 처음에는 스태프가 직접 강좌를 맡았어요.

Q 주로 어떤 분이 참가하나요?

기본적으로 여성이 많고, 연령층은 30~50대가 많습니다. 최근에는 커플이나 부부가 체험하러 오는 경우도 늘었어요.

Q 체험을 통해서 어떤 즐거움을 느꼈으면 좋겠나요?

식물을 '키우는' 즐거움은 물론, 스스로 여러 식물들을 활용해 직접 장식하는 즐거움도 느꼈으면 좋겠어요.

Q 워크숍은 얼마나 자주 열며, 내용은 어떤 것이 있나요?

거의 매 주말마다, 월 6~7회 열립니다. 테마는 모아심기, 행잉, 테라리움 등 4~6종류. 강사는 가게 스태프일 경우도 있고 외부강사를 초빙할 때도 있어요.

Q 반려식물을 처음 키우는 분에게 추천하고 싶은 워크숍은?

'계절 모아 심기', '이끼 테라리움', '틸란드시아 테라리움'. 작업 공정도 간단하고 바로 장식해서 즐길 수 있으면서 관리도 쉽기 때문에 추천합니다.

* 프로토 리프 가든아일랜드(www.protoleaf.com) 다마가와점 정기적으로 여러 워크숍을 개최하고 있다. 워크숍 개최시기, 내용은 계절에 따라서 다르다.

• Pickup •
화제의 인스타그래머

인스타그램에서 그린 인테리어로 유명한 기하라 가즈토 씨의
센스 돋보이는 장식 아이디어를 배워봅니다.

GREEN BUCKER
기하라 가즈토 씨

"본질이 있는 치유"를 테마로 플랜트브랜드인 GREEN BUCKER를 설립. 테라리움, 모아심기 화분 제작. 판매, 워크숍 운영 등 폭넓게 활약 중. 인스타그램 ID:@green_bucker

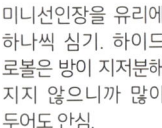

미니선인장을 유리에 하나씩 심기. 하이드로볼은 방이 지저분해지지 않으니까 많이 두어도 안심.

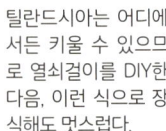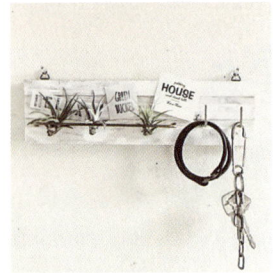

틸란드시아는 어디에서든 키울 수 있으므로 열쇠걸이를 DIY한 다음, 이런 식으로 장식해도 멋스럽다.

유목에 장식한 틸란드시아, 철사로 매달아 준 박쥐란, 마크라메로 립살리스를 행잉.

뚫린 계단통을 이용하여 공중정글풍으로. 반려식물을 잔뜩 놓고 싶은 분에게 추천하는 장식법.

부드러운 향기가 퍼지는 아로마테라리움으로 제작. 공중 식물을 중심으로 초록빛으로 멋지게 꾸몄다.

가지치기할 때 자른 식물을 활용. 작은 유리병에 적당하게 담아만 줘도 사랑스럽게 완성.

석양이 강렬하게 비치는 창가 부근에는 선인장계열을 모아두면 좋다. 용기에 신경을 쓰면 더욱 멋지게 보인다.

Green Interior Lesson

Part 05

DIY 전문가에게 배운다

초저렴 아이템으로 그린 인테리어 DIY

유니크한 아이디어 & 아이템으로 카페풍 그린 인테리어

이런 것이 있으면 좋겠다고 생각한 것을 내 손으로 형상화시킬 수 있는 것이 식물 DIY의 매력입니다. 요즘은 균일가숍에서도 틸란드시아나 선인장 등의 식물을 팔고 있어 편하게 식물 DIY를 시작할 수 있어요. 늘 식물을 더욱 가까이 느낄 수 있는 아이템을 만들려고 노력하고 있어요.

DIY크레에이터
Chiaki씨

텔레비전, 잡지, WEB, 이벤트 등 다방면에서 DIY 테크닉을 공개. 아이디어와 센스가 뛰어나 인테리어로 즐기는 식물을 시작으로 수납가구와 공간연출 DIY에도 정평이 나 있다.

Instagram ID　/　**@rkmama45**

【준비 도구】
- 전동드릴
- 9mm드릴비트
- 핸드드라이버
- 송곳
- 톱
- 줄
- 줄자
- 연필, 목공본드

【준비 재료】
- 다이소 각재
  91×1.5×1.5cm 2개
- 다이소 목봉
  91×0.9cm 9개
- 목공용 나사 30mm 8개

새장스타일 화분 커버

데드 스페이스를 멋지게 활용
통기성도 좋고
디자인도 GOOD!

소요 시간 : 1시간

① 각재는 30cm와 15cm 길이로 각각 4개, 목봉은 30cm 길이로 26개를 자르고 각각 3cm 마다 표시를 한다.

② 각재의 표시된 부분을 전동 드릴로 2/3 깊이까지 파낸다. 단면과 구멍을 줄로 다듬어준다.

❸ 30cm 각재 4개의 양 끝에서 각각 7mm 부분에 송곳으로 파일럿홀(나사못을 박기 전 미리 뚫는 작고 얕은 구멍)을 뚫는다.

❹ 30cm 각재는 9군데, 15cm 각재는 4군데 뚫려있는 구멍에 목공 본드를 흘려 넣는다.

❺ 30cm와 15cm 각재 각각 2개의 구멍 전부에 목봉을 끼우고 반대쪽도 같은 모양으로 고정.

❻ 15cm쪽이 안쪽으로 오게 각재 각각 8군데를 나사로 고정하여 박스모양으로 만든다.

Advice
설치장소나 화분 크기에 따라 사이즈는 조절한다. 덩굴성 식물이 감기도록 해도 멋지다.

틸란드시아 스탠드

심플 & 콤팩트하게
여러 개의 식물을
장식하여 즐길 수 있다

소요 시간 : 30분

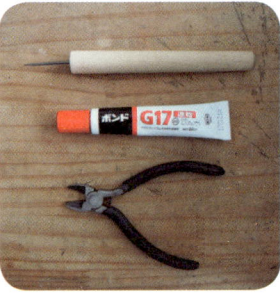

【준비 도구】
- 합성고무계 접착제
- 송곳
- 니퍼

【준비 재료】
- 다이소 원목큐브 4개
- 다이소 철사

❶ 3개의 원목큐브 한쪽면 중앙에 송곳으로 구멍을 뚫는다. 구멍이 위로 오도록 원목큐브를 접착.

❷ 철사를 매직펜 같은 것에 5~6번 정도 감은 다음 감은 끝이 가운데로 가도록 하여 작게 만다.

❸ 니퍼로 원하는 길이로 철사를 자른다. ❶에서 뚫은 구멍에 본드를 넣고 철사를 끼워서 완성.

Advice

철사를 만 끝 부분을 작게 나선형의 중심에 놓아야 무게중심이 흔들리지 않으므로 주의하세요.

Green Interior Lesson Part 05

【준비 재료】
- 유목다발
- 마끈
- 성게껍질
- 틸란드시아

플랜트행어

재료를 끈으로 묶기만 하면
순식간에 완성!
간단하지만 인테리어 효과 최고

소요시간 : 20분

❶ 유목을 3~4개 모아서 원하는 길이로 배치한 다음 마끈으로 고정. 양 끝에 벽걸이용 끈을 묶는다.

❷ 성게껍질을 매달 수 있도록 마끈을 같은 간격으로 3군데에 묶는다. 마끈의 끝을 성게껍질의 한가운데 구멍에 통과시킨다.

❸ 구멍을 통과한 마끈을 여러 겹 잡아 매듭을 짓는다. 그리고 틸란드시아를 구멍에 끼운다.

Advice
성게껍질과 캇 풋 메두사처럼 잎이 긴 틸란드시아로 해파리같이 보이게 꾸민다.

비커 선인장

비커에서
멋지게 수경재배
보기에도 시원해요

소요시간 : 20분

【준비 재료와 도구】
- 선인장
- 비커
- 차망
- 니퍼

❶ 선인장의 흙을 깨끗하게 털어낸다. 뿌리를 씻어내고 짧게 자른 다음 3일간 그늘에서 말린다.

❷ 차망 끝부분을 니퍼로 둥글게 자른다.

❸ 선인장 뿌리를 차망 구멍으로 통과시킨다. 물을 넣은 비커에 뿌리를 담그면 완성.

> **Advice**
> 수경재배는 뿌리까지 관찰할 수 있는 것이 매력이지만 비커에 담궈두니 더욱 과학적인 느낌.

Green Interior Lesson Part 05

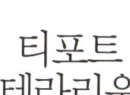

티포트 테라리움

위에서도 옆에서도
즐길 수 있는
모아 심기로 만들기

소요 시간 : 30분

【준비 재료와 도구】

- 티포트
- 다육식물, 틸란드시아
- 천연석
- 흙
- 원예용 산호
- 취향에 따라 우드칩이나 이끼 등
- 핀셋

❶ 모아심기하고 싶은 선인장이나 다육식물에 붙어있는 여분의 흙을 조심스럽게 제거해둔다.

❷ 티포트 바닥에 돌, 흙의 순서로 티포트의 1/3정도까지 깔아준다.

❸ 선인장이나 다육식물을 밸런스있게 모아 심었으면 둘레에 원예용 산호를 뿌린다.

Advice
천연석, 흙, 산호로 토양에 층을 둠으로써 물 빠짐은 물론 보기에도 좋게 완성되었습니다.

❹ 취향에 따라 우드칩이나 이끼를 장식하면 더욱 테라리움다운 느낌을 낼 수 있다.

심플하면서도 포인트 있는
개성 만점 식물 왜건

룸스타일리스트
다키모토 마나미 씨

100엔숍이나 저렴한 아이템을 이용한 수납&DIY의 대가. 텔레비전이나 잡지 등, 미디어에서 폭넓게 활약 중. 100엔숍 상품을 사용한 수납아이디어책 등 출판물 다수.

Instagram ID / **@lovelyzakka**

반려식물을 기르기 시작한 지 20년, DIY는 5년이 되었습니다. 식물을 이용한 DIY를 할 때는 청결감이 느껴지는 조합과 식물이 빛날 수 있는 심플한 배색을 중요하게 생각합니다. 또 여름에는 시원스럽게, 겨울에는 따뜻함을 느낄 수 있도록 계절감을 의식. 심플하면서 센스있는 세리아(Seria)* 아이템을 자주 활용합니다.

＊세리아(Seria) : 일본의 100엔숍 업계 2위 회사. 세련된 주방 아이템, 코스메틱, 수납용품, DIY 제품 등을 판매한다.

화분용 왜건

캐스터를 달아
이동하기 편한 화분용 왜건
햇빛 조절도 편리해요

소요시간 : 1시간 30분

① 원목판재 A 중 1장을 폭15cm로 자른 2장 준비. 남은 2장은 옆면, B는 바닥면에.

【준비재료와 도구】
- 원목판재
  A (40x6x12cm) 3장
  B (40x9x15cm) 1장
- 야키스기(그을린 삼나무)
  말뚝 약 80cm 4개
- 쌍륜캐스터 2개들이x2개
- 페인트(스노우 화이트)
- 나사 10개
- 못 14개
- 강력접착제
- 전동커터, 줄
- 솔, 망치

② 야키스기 말뚝을 길이 37cm로 4개, 길이 9cm로 4개 잘라서 왜건 다리부분으로. 길이40cm 1개로 식물 버팀 기둥으로.

❸ 야키스기 말뚝 길이 37cm와 길이 9cm로 화분용기의 폭에 맞도록 다리 부분을 만든다. 강력접착제와 나사로 고정.

❹ ❶의 원목판재 A와 B를 화분용기가 되도록 맞춰서 사방을 강력접착제와 못으로 고정시킨다.

❺ 화분용기의 옆면을 페인트(스노우 화이트) 칠하고 완전히 말린다.

Advice
다리부분에 화분용기를 나사로 고정해서 완성. 캐스터를 달면 이동이 쉬워집니다.

반짇고리 & 식물 바구니

오래 사용한
바느질 바구니를 활용해
식물 바구니를 만들었어요

소요 시간 : 30분

❶
나무박스에 올리브 오일을 적당량 바르고 알코올로 여분의 유분은 닦아낸다.

❷
크라프트 밴드를 손잡이로 사용한다. ❶에 스테이플러로 고정하고 단추를 목공용 접착제로 고정.

❸
식물 화분은 유산지로 싼다. 여유 공간에 재봉용품으로 장식해 인테리어 효과를 더한다.

【준비재료와 도구】
- 좋아하는 식물
- 올리브 오일, 알코올
- 스테이플러
- 목공용 접착제
- 유산지(왁스페이퍼)
- 나무상자
- 크라프트 밴드
- 인테리어 화분
- 단추, 실패, 재봉용 송곳, 가위, 실

Advice
나무박스에 올리브 오일을 칠하면 자연스러운 느낌을 남기면서 목재의 성능을 높여줍니다.

Green Interior Lesson Part 05 >>> 137

식물 바구니

크라프트 재질 도시락상자로
화분 커버를 만들면
세련된 느낌으로 변신

소요 시간 : 30분

❶

화분트레이에 왓코오일을 발라 도장과 보호를.

❷

❷ 양철양동이를 종이 런치 박스에 넣고 뚜껑부분은 접는다.

❸

양철양동이에 화분자갈을 넣고 그 위에 화분을 넣은 다음 철제 바구니를 씌워서 완성.

【준비재료와 도구】

- 세리아 가든플랜트 트레이
- 세리아 양철 양동이
- 세리아 종이 런치박스
- 세리아 런치픽
- 세리아 철제 바구니
- 세리아 코코넛화이버
- 화분에 담긴 식물
- 왓코(WATCO)오일 드리프트 우드
- 화분자갈

Advice
식물 화분에 코코넛 화이버와 런치픽으로 데코레이션해서 더욱 멋스럽게 연출.

식물 액자

소중한 식물을
가지치기한 후에도
귀엽게 디스플레이

소요시간 : 40분

【준비재료와 도구】
- 세리아 원목 양면액자
- 세리아 시험관 3개
- 세리아 2종 링 3개
- 세리아 가드닝용 글라스샌드
- 왓코(WATCO)오일 드리프트 우드
- 타커
- 목공용 접착제

Advice
액자에서 빼낸 유리를
1장만 다시 활용해
보세요. 시험관의
식물이 돋보입니다.

① 원목 양면액자에 들어있는 뒷면 유리판 2장을 빼서 프레임만 남기고 왓코오일을 바른다.

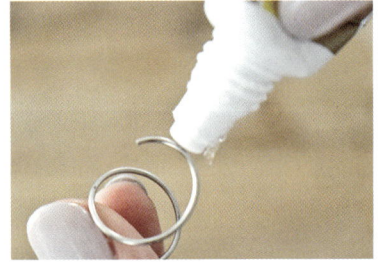

② 시험관에 가드닝용 글라스샌드와 물, 식물을 준비. 2종 링을 벌리고 접착제를 바른다.

③ 액자 프레임에 2종링을 타커로 고정. 시험관을 세우면 완성

행잉형 식물 장식

현관, 주방, 화장실 등 어디에나 장식할 수 있고 응용도 자유자재

소요 시간 : 30분

【준비재료와 도구】
- 세리아 아크릴 계량스푼
- 세리아 코코넛 화이버
- 인조식물
- 드라이과일
- 원하는 라피아끈
- 글루스틱, 글루건

Advice
라피아끈을 스푼 손잡이에 묶어서 부케처럼 만들면 더욱 멋지게 완성됩니다.

❶ 아크릴 계량스푼에 글루건으로 글루스틱을 녹여서 넣는다.

❷ 글루스틱이 마르기 전에 코코넛화이버를 폭신하게 깔아서 채워준다.

❸ 인조식물의 길이를 조절하면서 글루건으로 고정. 드라이과일도 고정한다.

인스타그래머에게 배우는
그 린   인 테 리 어   D I Y   테 크 닉

보는 순간 '아 좋다!'라는 말이 저절로 나오는 그린 인테리어 DIY.

| Name | / | 유피노코 씨 | Instagram ID | / | @yupinoko |

파이프나 나무 상자를 활용해 빈티지한 분위기의 그린 인테리어를 추구. 노련함이 돋보이는 DIY로 인스타그램에서 인기를 얻고 있는 유피노코 씨. 시크한 집에 포인트가 되는 식물과 DIY 아이템이 더욱 유니크한 분위기를 만들어 줍니다.

나무깔판 박스
세리아의 발판을 사용해 재료비는 800엔 정도 들었어요. 우선 발판을 나사로 고정하여 박스 형태로 만들고 진한 브라운컬러로 칠해줍니다. 볼트와 너트로 캐스터를 달아 이동식으로. 박스에 스텐실을 해주면 훨씬 멋있어요.

플랜트행어 스탠드
인더스트리얼 인테리어에 많이 활용되는 파이프로 완성한 플랜드행어용 스탠드입니다. 파이프가 너무 두드러지지 않으면서 식물을 더욱 돋보이게 해주어 마음에 들어요. 장소에 구애받지 않고 좁은 공간에도 둘 수 있어 좋아요.

앤티크풍 화분
100엔숍의 흰색, 검정색 아크릴 물감으로 그레이색을 조색한 다음 100엔숍 화분에 2번 칠했어요. 그레이에 흰색과 물을 더한 것, 검정색에 물을 더한 액을 만들어 스폰지로 번갈아가면서 퐁퐁 두드려서 한번 더 칠하면 완성입니다.

콘테이너 박스

검정과 브라운을 기조로 한 빈티지하고 남성적인 인테리어와 잘 어울리고 잎이 큰 식물을 멋지게 장식할 수 있는 콘테이너박스풍 나무상자입니다. 나무의 느낌을 살리기 위해 일부러 얼룩이 있는 물감을 칠한 것이 포인트입니다.

파이프 화분 스탠드

파이프로 만든 거친 모습이 매력인 화분 스탠드입니다. 니플이라고 불리는 파이프 부속을 연결하여 다리가 4개인 받침대를 만들었습니다. 부속을 연결만 하면 되니 아주 간단해요.

나무트레이

낮은 트레이형 나무상자라 모종을 옮기는 데도 편리합니다. 식물로 가득 채워놓으면 화원 같은 분위기를 즐길 수 있습니다. 트레이에 스텐실로 타이포를 장식하면 더욱 멋스러워요.

틸란드시아 스탠드

멀리서 보면 틸란드시아가 떠있는 것처럼 보이는 틸란드시아 스탠드. 빗물받이용 부품을 목재 사이에 끼운 다음, 꺾쇠로 고정했습니다. 가는 철사를 빗물받이용 금속부품에 통과시켜 틸란드시아를 끼우면 완성.

| Name | kyoko 씨 | Instagram ID | @kyoooko1 |

집에서 가구나 소품을 만들다가 그린 인테리어 DIY까지 하게 된 kyoko 씨.
주로 식물을 넣을 화분이나 화분커버 같은 소품을 중심으로 한 리폼 DIY입니다.

빈티지풍 리폼캔

먼저 빈티지한 분위기를 내기 위해 빈 캔을 줄로 갈고 흰색 아크릴물감으로 칠해줍니다. 그리고 군데군데 녹이 슨 것처럼 표현하기 위해 진한 갈색 아크릴물감을 걸레에 조금 묻혀서 톡톡 두드려줍니다. 인터넷에서 무료로 다운받은 그림을 프린트해서 붙여 빈티지풍 화분 완성!

리폼 화분 & 화분대

질그릇 화분을 리폼했어요. 블랙과 화이트 수성페인트를 원하는 색감의 그레이가 될 때까지 섞은 다음, 거기에 밀가루를 섞어서 표면이 우툴두툴하게 마무리되도록 붓으로 발라줍니다. 화분 받침대는 발판 판자의 자투리나무로 만들었습니다.

석쇠 화분트레이

100엔숍에서 파는 석쇠를 구부린 다음, 검정색 아크릴 물감을 칠해서 화분을 놓는 트레이를 만들었어요. 고리를 달아서 베란다 난간에 걸어 두었는데, 식물들이 햇빛을 받고 건강하게 자라는 모습을 보는 것이 큰 즐거움입니다.

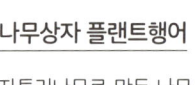

나무상자 플랜트행어

자투리나무로 만든 나무상자에 숫자 자석도 붙이고 구멍을 뚫어 철사로 매달 수 있게 했습니다. 녹영처럼 아래로 늘어지면서 자라는 식물은 매달아 두면 더욱 예뻐 정말 좋아합니다.

양동이 화분 커버

먼저 금속 양동이를 줄로 갈아주고 흰색 수성 도료에 밀가루를 잔뜩 섞어서 점도를 높여줍니다. 솔로 톡톡 두드리듯 페인트를 칠하여 앤티크풍으로 완성. 우리 집 인테리어와 잘 어울려 통일감이 있습니다.

| Name / miwa 씨 | Instagram ID / @11miwa26 |

빈티지하면서 남성적인 터프함이 느껴지는 인테리어에 어울리는 DIY가 특히 뛰어난 miwa 씨. 햇빛 등을 신경 쓸 필요없이 집안 곳곳에 식물을 장식할 수 있는 인조식물도 잘 활용하고 있어요.

나무깔판 화분 커버

창가를 장식하고 있는 식물은 푸미라. 100엔숍에서 구입한 화분에 나무깔판의 판재를 붙여 페인트칠. 마끈으로 감아서 단단하게 고정합니다. 스텐실로 마무리 해주면 빈티지풍 화분 커버가 됩니다.

미니 나무상자 화분 커버

100엔숍에서 산 나무상자를 회색으로 칠한 다음, 정면에 스텐실을 붙였습니다. 가장자리에는 자른 각재를 붙여서 액자처럼 마무리. 이 나무상자 속에는 요리에 자주 사용하는 바질을 키우고 있습니다.

식물 사다리

2x4 목재를 자르고 칠해서 사다리와 간판을 DIY. 블랙 화분은 100엔숍에서 구입한 병을 페인트칠하고 장식으로 마끈을 감아서 리메이크한 화분입니다. 인조 식물 전문 온라인 셀렉트숍인 '이나자우루스야'(P118~119))의 인조식물을 사다리에, 100엔숍의 인조식물을 화분에 장식했어요.

마 주머니 식물케이스

낡은 나무판을 흰색으로 칠하고 훅을 달아 행거훅을 만들었어요. '이나자우루스야'에서 산 흔들리는 폼폼을 걸고 로즈마리를 100엔숍에서 구입한 마 주머니에 담아서 디스플레이.

インドアグリーンのある暮らし

© Shufunotomo Co., Ltd. 2017 Originally published in Japan by Shufunotomo Co., Ltd.
Korean translation right @ 2018 by Happy Dream Publishing co.
Translation rights arranged with Shufunotomo Co., Ltd. Tokyo through Botong Agency, Seoul Korea

이 책의 한국어판 저작권은 Botong Agency를 통한 저작권자와의 독점 계약으로 즐거운상상에 있습니다.
신 저작권법에 의해 한국어판의 저작권 보호를 받는 서적이므로 무단 전재와 복제를 금합니다.

그린 인테리어 교과서

1판 1쇄 발행 2018년 5월 15일
1판 3쇄 발행 2021년 11월 5일

지은이	주부의 벗사
옮긴이	김수정
펴낸이	정원정, 김자영
편집	홍현숙
일러스트	itabamoe
디자인	형태와내용사이
펴낸곳	즐거운상상
주소	서울시 중구 충무로 13 엘크루메트로시티 1811호
전화	02-706-9452
팩스	02-706-9458
전자우편	happydreampub@naver.com
인스타그램	@happywitches
출판등록	2001년 5월 7일
인쇄	천일문화사

* 이 책의 모든 글과 그림, 디자인을 무단으로 복사, 복제, 전재하는 것은 저작권법에 위배됩니다.
* 책값은 뒤 표지에 있습니다.
* 잘못 만들어진 책은 서점에서 교환하여 드립니다.
* 전자책으로도 출간되었습니다.